Endres/Althoff · Das Anti-Pauk-Buch

D1934654

BELTZ
INFO

Herausgegeben von Ulrich Tschirner

Wolfgang Endres/Dirk Althoff

Das Anti-Pauk-Buch

Lerntricks für Schüler

Karikaturen: Markus Olivieri

Beltz Verlag
Weinheim und Basel 1986

CIP-Kurztitelaufnahme der Deutschen Bibliothek

Endres, Wolfgang:
Das Anti-Pauk-Buch : Lerntricks für Schüler /
Wolfgang Endres ; Dirk Althoff. Karikaturen:
Markus Olivieri. – 2. Aufl. – Weinheim ; Basel :
Beltz, 1986.
(Beltz-Info)
ISBN 3-407-84043-8
NE: Althoff, Dirk:

Alle Rechte, insbesondere das Recht der Vervielfältigung und Verbreitung sowie der Übersetzung, vorbehalten. Kein Teil des Werkes darf in irgendeiner Form (durch Photokopie, Mikrofilm oder ein anderes Verfahren) ohne schriftliche Genehmigung des Verlages reproduziert oder unter Verwendung elektronischer Systeme verarbeitet, vervielfältigt oder verbreitet werden.

1. Auflage 1986
2. Auflage 1986
3. Auflage 1988

© 1986 Beltz Verlag · Weinheim und Basel
Satz: Satz- und Reprotechnik, Hemsbach
Druck und buchbinderische Verarbeitung:
Druck- und Verlagshaus Beltz-Rübelmann, Hemsbach
Umschlaggestaltung: Zembsch' Werkstatt, München
Printed in Germany

ISBN 3 407 84043 8

Jedem kann es passieren, daß er
mal Unsinn redet;
schlimm wird es erst, wenn er
es feierlich tut.

(Montaigne)

Zum Verwendungszweck

Regenschirm vergessen?
Tischbein zu kurz?
Ärger mit 'ner Fliege?
Tischtennisschläger verschlampt?
Da gibt's nur eines: Greif zu diesem Mittel. Es tut selbst als Kopfkissen, Besen oder Bremsklotz gute Dienste. Und wenn es sein muß, kannst du damit sogar den letzten Rest aus jeder Tube quetschen.

Darin zu lesen und damit zu lernen, ist natürlich auch 'ne Möglichkeit. Nur für eines kannst du es total vergessen: Für stures Pauken ist es nicht geeignet. Und deshalb auch sein Name: „Anti-Pauk-Buch".

Denn Pauken ist tatsächlich doof.

Wenn trotzdem neue Lerntricks für die Schule angepriesen werden, ist das nicht ein Widerspruch? – Nicht unbedingt. Geht es hier doch um selbständiges, ideen- und trickreiches Lernen, abwechslungsreiche Methoden und originelle Merksysteme, alles Dinge, die mit *einfältigem Pauken* nichts zu tun haben.

Und das sind die Themen

Zum Verwendungszweck 7

So ist Lernen eine runde Sache: Ein „Lern-Eignungstest“ . . 12

Selbstkonzept: Wie ich mich selbst einschätze 21

Besser faul als dumm 21
Sich seiner selbst bewußt sein 23
Die Sache mit dem Vorurteil 23

Motivation und Konzentration: Wie gut und gern ich lern' . . 27

Lernen als lustbetontes Erlebnis? 27
Jedem Thema seine Chance 28
Wie Informationen zu Wissen werden 29
Die Motivation braucht Streicheleinheiten 30
Konzentration und Gedächtnis 31
Die Stop-Methode 32

Lernmethoden: Wie ich am besten lerne 37

Jeder Mensch lernt anders 37
Gewußt – wo 38
Abstrakte Kunst: Mein Sinn für geometrische Gebilde 41
Laß Bilder sprechen: Visuelles Gedächtnis 43
Kettenreaktion: Merktechnik durch Verknüpfungen 43
Keine Speicherkapazität verschenken 46
Schneller lernen durch Zusatzinformationen 47
Lernstoff merk-würdig machen 49
Der Schlüssel-Service: Vokabeldienst 51
Geschichte in Zahlen (Test) 52

Auf Kommando hören: Auditives Gedächtnis 53
Hören und Behalten 55
Hör-Training für Fortgeschrittene 57
Eine Portion Vokabeln 63
Spaß mit Mathe 71
Sinn für Sprüche: Merkfähigkeit für Zitate 72
Gedächtnistechnik als Abrufstrategie 74
Portionen, die sich lohnen 79
Ähnlich gelernt, ist dämlich gelernt 80
Schritt für Schritt im Lesen fit 80
5-Schritt-Lesetechnik 84
Strukturierte Textverarbeitung 90
Was findest du jetzt noch im Gedächtnis? (Wiederholungs-Test) 97

Klassenarbeiten: Wie ich mich gut vorbereite 103

Spickzettel für die Klassenarbeit 103
13-Punkte-Sicherheitsgurt 104
Muffensausen macht mürbe 105

Unterricht: Wie ich mündlich mitarbeite 107

Pluspunkte im Mündlichen 107
Wer fragt, gewinnt: Fragetechnik 108
Überzeugend argumentieren 109
Die Angst vor der Blamage 110

Beziehungen: Wie komme ich mit Eltern und Paukern klar? . 113

Die Schule macht mich krank 113
Eine fast unglaubliche Geschichte 114
Wie erlebe ich meine Lehrer? 116
Wie erziehe ich meine Lehrer? 116
Anzeige 119

Lesetips 120

Auch Leuchten
machen
kleine Schritte

So ist Lernen eine runde Sache: Ein „Lern-Eignungstest“

Mit dem folgenden „Lern-Eignungstest“ kannst du ermitteln, wo deine Stärken und Schwächen beim Lernen liegen. Gleichzeitig bekommst du dabei eine Reihe nützlicher Hinweise, welche Schwerpunkte du setzen könntest, damit das Lernen eine durchaus runde Sache werden kann.
Mach also mit bei diesem Test rund ums Lernen. Du benötigst dazu nur einen Schreibstift. Bitte kreuze damit in jedem Feld jeweils das Kästchen an, in dem deiner Meinung nach die treffendste Aussage steht. Entscheide dich für eine einzige Aussage.
In jeder Themengruppe findest du drei Antwortfelder. Nachdem du deine drei Bewertungen vorgenommen hast, zähle die entsprechenden Punkte zusammen und trage das Ergebnis in das Kästchen am Ende jeder Themengruppe ein.

Selbstkonzept: Wie ich mich selbst einschätze

Ich vergleiche mich und meine Leistungen gern mit dem, was meine Mitschüler/innen zu bieten haben. Das ist eine gute Orientierungshilfe für mich.

Vorurteil!

Nie		2
Selten		5
Von Fall zu Fall	X	3
So oft wie möglich		1
Immer		0

Es spielt keine Rolle, was ich von mir und meinen Fähigkeiten halte, entscheidend ist, was wirklich ist.

Stimmt		0
Stimmt meistens		1
Beides ist richtig		3
Meistens falsch		5
Falsch		4

Vorurteil!

Beim Lernen stecke ich mir mein Ziel lieber ein bißchen zu hoch. Das spornt mich an.

Nein		4
Selten		3
Nur im Ausnahmefall		5
Gelegentlich		2
Ja		1

Vorurteil!

A.

Motivation und Konzentration: Wie gut und gern ich lern'

Spaß am Lernen kann man lernen.

Aber immer		3
Natürlich		5
Manchmal schon		2
Andere vielleicht, ich nicht		1
Unsinn		0

Ich beschäftige mich nicht nur mit dem, was ich gerade tue, sondern habe stets den nächsten Schritt vor Augen.

Na klar!		0
Meistens schon		1
Weiß ich nicht		0
Das bringt's nicht		5
Auf keinen Fall		3

Wenn ich ein persönliches Problem zu lösen habe, ist es das beste, mich solange dort hinein zu vertiefen, bis ich es gelöst habe.

Das finde ich am besten		0
Das finde ich gut		1
Das kann ich mir nicht vorstellen		3
Davon halte ich nichts		4
Das ist blödsinnig		2

B.

Lernmethoden: Wie ich am besten lerne

Wie ich richtig lerne, das wissen meine Eltern und Lehrer, die mich schließlich ganz gut kennen, wohl am besten.

Klarer Fall		0
Sowieso		0
Ich denke, schon		1
Wohl kaum		5
Auf keinen Fall		2

Ob ich eine Sache besser behalte, wenn ich sie geschrieben, gelesen, gehört oder gesehen habe, entdecke ich nur durch Zufall.

Wie auch sonst?		0
Ja, manchmal		2
Weiß ich nicht		1
Das stimmt nicht		5
Nie		0

Wenn ich einmal eine gute Lernmethode gefunden habe, bleibe ich dabei. Ständige Abwechslung stiftet nur Verwirrung.

Das wäre Schwachsinn		2
Nein		5
Ich habe noch keine gefunden		0
Wo soll ich sie denn suchen?		0
Daran gibt es keine Zweifel		0

C.

Klassenarbeiten: Wie ich mich gut vorbereite

Ein guter Spickzettel ist die beste Klassenarbeitsvorbereitung.

Ohne Frage		5
Prima Idee		5
Nichts Neues		3
Fangfrage	X	1
Schwindel	O	0

Es ist besser, eine Klassenarbeit 150%ig vorzubereiten, als sich mit knapp 100% zufriedenzugeben.

Das dürfte ja wohl klar sein		0
Das ist prima, wenn man's schafft		0
Das habe ich noch nie geschafft		1
Das ist stark übertrieben O	X	5
Das darf doch wohl nicht wahr sein		3

Es ist sinnvoll, unmittelbar vor einer Klassenarbeit nochmals alles durchzulesen und möglichst viele Leute zu fragen, was sie vorbereitet haben.

Nein, das macht mich nur verrückt	O	5
Ja, das ist eine gute Einstimmung		1
So kann ich noch manche Lücke schließen	X	1
Das gibt mir Mut und Zuversicht		0
Ich brauche eine gewisse Hektik		1

7 D.

10

Unterricht: Wie ich mündlich mitarbeite

Wer viel fragt, beweist, daß er wenig Ahnung hat.

Ganz meiner Meinung		0
Drum frage ich so selten		1
So eng sehe ich das nicht		3
Das sehe ich anders	X	4
Das halte ich für unsinnig		5

Bevor ich etwas im Unterricht sage, bedenke ich stets, was die anderen davon halten könnten.

Da denke ich im Traum nicht dran	X	2
Nein		5
Manchmal schon		1
Ja, das finde ich auch ganz o. k.		0
Selbstverständlich, so soll es auch sein		0

Im Mündlichen ist es nicht so wichtig, *wie* ich etwas sage, sondern es kommt allein darauf an, *was* ich sage.

Ganz klar		3
Kann sein		4
Beides ist wichtig	X	5
Eigentlich nein		1
Überhaupt nicht		0

11 E.

12

Beziehungen: Wie komme ich mit Eltern und Paukern klar?

Ich finde es richtig, daß gute Leistungen mit Liebe und Anerkennung belohnt werden.

So ist das Leben		2
Das wäre schlimm		4
Ja, warum auch nicht?		1
Nein		5
Nein, aber was kann ich daran ändern?		3

Ein Lehrer darf einen Schüler, der sich dumm anstellt, ruhig mal vor der Klasse bloßstellen.

Ja		0
Wenn es sein muß		1
Ein guter Lehrer blamiert den Schüler vor der Klasse nie		10
Nein		4
Sowas tun Lehrer nicht		0

Nur Kriecher und Streber loben ihre Lehrer.

Typisch		1
Stimmt		1
Laß sie doch		2
Es wäre dumm, das nur solchen Typen zu überlassen		5
?		4

F.

Bitte trage nun deine Gesamtpunktzahl jeder Themengruppe in der betreffenden Speiche dieses „Lernrades“ ein:

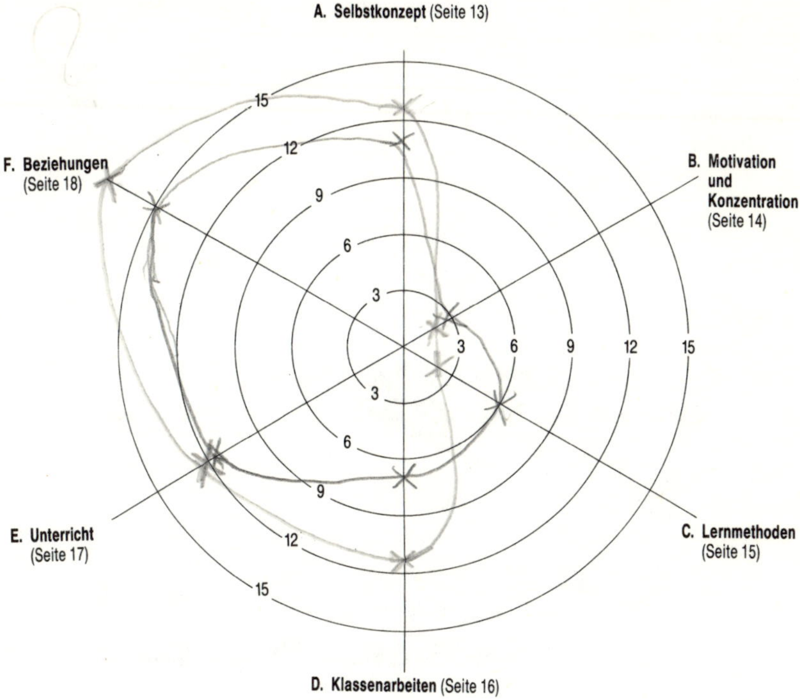

Verbinde deine Markierungspunkte von Speiche zu Speiche miteinander. Eiert das Rad sehr stark? Sind einige Speichen etwas zu kurz geraten? Nun, das läßt sich beheben, wenn du genau an diesen Stellen nachfaßt und für längere Speichen sorgst.

So hast du auf einen Blick eine ganz gute Übersicht, von welchen Kapiteln du am meisten profitieren dürftest. Je kürzer die Speiche, desto wichtiger ist es wohl, daß du dir die betreffende Themengruppe vorknöpfst. Am besten fängst du mit der kürzesten Speiche an. Die Themen bei den langen Speichen (mit 12 und mehr Punkten) überblätterst du einfach, wenn du keine Zeit hast.

Bring also dein Lernrad so ins Rollen, daß du bald behaupten kannst: „So ist Lernen eine runde Sache!“

Auf gehts!

Selbstkonzept: Wie ich mich selbst einschätze

Besser faul als dumm

Wer sich anstrengt, wird belohnt. Fleißige Leute genießen ausgesprochen hohe Anerkennung und Wertschätzung.
Und doch geht die Rechnung nicht ganz auf. Stell dir vor, der Lehrer würde dir bei der Rückgabe einer Arbeit sagen:

> „Na ja, sonderlich intelligent bist du ja nicht, aber du warst so fleißig, da hast du schon eine Zwei verdient!"

Toll, was? Oder er sagt:

> „Du fauler Strick hast wieder nichts geschafft, aber intelligent wie du bist, hast du dir wieder eine Zwei ergattert."

Wie fühlst du dich bei einem solchen Kommentar?
Es besteht offenbar ein Unterschied zwischen dem, was ein Lehrer an mir mit positiv bewertet, zum Beispiel den Fleiß, und dem, was mir *selbst* am meisten bedeutet, nämlich fähig und begabt zu sein. Denk nur daran, wie gern du bei einer guten Arbeit der Klasse gegenüber betonst, für diese Arbeit kaum etwas getan zu haben. Und diese Haltung ist ja nur allzu menschlich und verständlich: wer ohne größere Anstrengungen Erfolg hat, gilt als clever, wächst in seinem Selbstwertgefühl, glaubt an seine Fähigkeiten und sein Können. Und nur, wer sich selbst etwas zutraut, entwickelt ein gesundes Selbstbewußtsein.

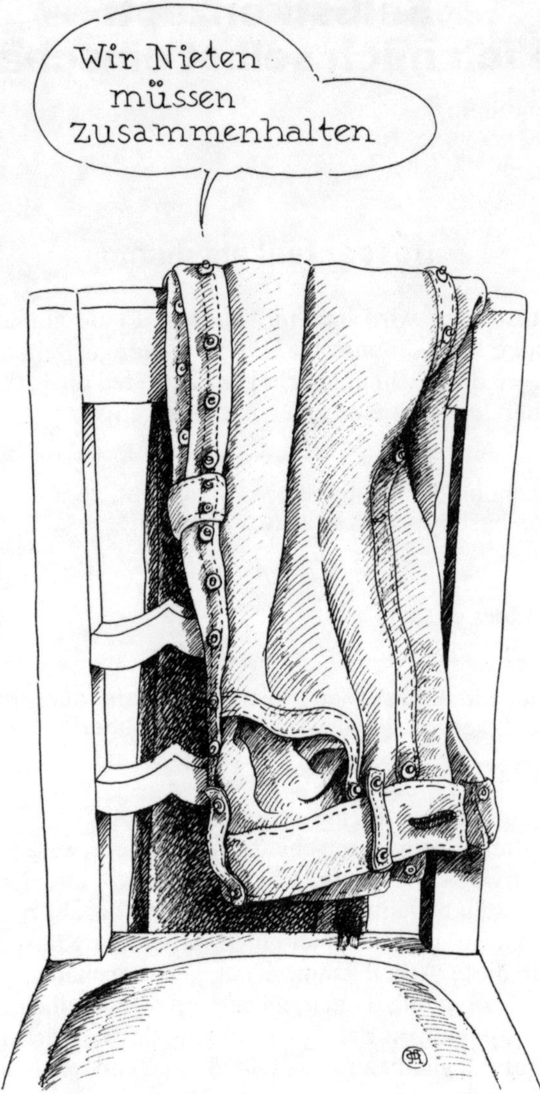
Wir Nieten müssen zusammenhalten

Sich seiner selbst bewußt sein

Wenn du dich in deinen Leistungen immer nur mit anderen vergleichst (oder immer verglichen wirst), kannst du deine eigene Arbeit gar nicht richtig als Erfolg genießen. Es sei denn, du gehörst zur Spitzengruppe. Gehörst du aber eher zum Mittel- oder Schlußfeld, setz dir auch ein eigenes Anspruchsniveau. Ein Fußballer der Bezirksliga hätte sicher bald die Lust am Kicken verloren, wenn er seine Technik nur an der eines Bundesligaspielers messen würde. Außerdem fiele es ihm schwer, eine realistische Selbsteinschätzung zu erlangen, weil er sich – zumindest in Gedanken – ständig überfordert (fühlt).
Realistische Selbsteinschätzung ist notwendige Voraussetzung für dein persönliches Wohlbefinden. Wenn ich meine Möglichkeiten und Grenzen ganz klar sehe, kann ich auch damit leben, daß es neben mir noch Leute gibt, die entschieden besser sind.
Vergleiche dich öfter mit dir selbst: deine Leistungen von gestern mit denen von heute – und du wirst dir deiner *„selbst bewußter"*.

Die Sache mit dem Vorurteil

Wenn du überzeugt bist, für Mathe oder Englisch einfach keine Antenne zu haben, weil dir das Fach nicht liegt und du dafür unbegabt bist, spielt es keine Rolle, ob sich das tatsächlich so verhält. Du bist davon überzeugt und das hat Gewicht. Was bei einem Selbstkonzept für dich zählt, ist nicht, was wirklich ist, sondern das, was du für wirklich hältst. Und damit wären wir bei dem berüchtigten Vorurteil. Wenn du zum Beispiel deinen Mißerfolg auf fehlende Begabung zurückführst, schiebst du dein Versagen auf etwas Unveränderbares. Weil du keinen Einfluß auf deine Begabung nehmen kannst, hat es also auch gar keinen Sinn, sich weiter anzustrengen. Und natürlich ist die Faulheit vorprogrammiert. Denn du kannst nur fleißig sein, wenn du ein Ziel hast. Wenn für dich aber feststeht, daß du dieses Ziel gar nicht erreichen kannst, weil du den Stoff überhaupt nicht kapiert hast, unternimmst du gar nicht erst den Versuch. Dein Fleiß würde sich sowieso nicht lohnen – das glaubst du jedenfalls.

Dingen, die ich nicht verstehe, die mich nicht interessieren, gehe ich genauso gerne aus dem Weg, wie Leuten, die ich nicht leiden kann. Und doch: hast du mal erlebt, daß du nach einer intensiveren Begegnung mit so jemandem dein Vorurteil aufgeben mußtest? „So habe ich den ja überhaupt nicht eingeschätzt, der ist ja eigentlich ganz o.k.!“
Natürlich gibt es genügend Situationen, in denen ich eine solche Erfahrung nicht machen kann. Es darf auch Dinge geben, denen du getrost aus dem Weg gehen kannst. Du mußt dich nicht für alles interessieren. Du darfst blöden Stoff auch blöden Stoff sein lassen und wenn es sein muß, einen blöden Pauker als ebensolchen ansehen. Kritisch wird es nur, wenn du allzu oft und allzu schnell davon Gebrauch machst. Denn dann besteht die Gefahr, daß du vor lauter Vorurteilen und Klischees deine Lage falsch einschätzt. Das Dumme daran ist, daß du den Blick für realistische Ziele immer mehr verlierst. Du neigst dann vielleicht dazu, dir extrem niedrige oder unrealistisch hohe Ziele zu stecken. So erreichst du etwas, dem du kaum Bedeutung beimißt („Das war ja pipileicht“) oder du gibst auf, weil du eine so hohe Hürde doch nicht nehmen kannst. Echte Erfolgserlebnisse bleiben aus. Die aber sind notwendig, um eine realistische Arbeitshaltung gewinnen zu können.
Eigentlich ist es ziemlich bequem, sich ein so hohes Ziel zu stecken, daß man gar nicht erst versuchen muß, es zu erreichen.

Das bißchen mache ich am besten morgen

Ich hab
die Schnauze
gestrichen voll

Motivation und Konzentration: Wie gut und gern ich lern'

Lernen als lustbetontes Erlebnis?

Wenn du an deiner Arbeitshaltung etwas verbessern möchtest, setze dir bei den Aufgaben ein Anspruchsniveau mit mittlerem Schwierigkeitsgrad. Du darfst eine Sache nicht als zu schwer und ebenso wenig als zu leicht empfinden. Die Möglichkeiten von Erfolg und Mißerfolg müssen sich in etwa die Waage halten. Dann ist es spannend und ich bleibe neugierig, weil das Ziel nicht von vornherein sicher ist, aber auch nicht in unerreichbarer Ferne liegt. Lerngebiete, in denen ich keine Erfolgserlebnisse habe, die mir also keine angenehmen Gefühle vermitteln, können nur schwer mein Interesse finden.
Vermutlich erreichst du in den Fächern die besten Ergebnisse, in denen du die meisten Vorkenntnisse hast, die dich am stärksten interessieren und in denen Lernen durchaus Spaß macht. Dingen, die uns interessieren, wenden wir automatisch unsere Aufmerksamkeit zu. Denke nur daran, wie leicht dir das Lernen fällt, wenn es um dein Hobby geht.
Nun gibt es aber in fast keinem anderen Arbeitsfeld so vielfältige und unterschiedliche Tätigkeiten wie im „Berufsalltag" des Schülers. Der reicht von Mathe über Physik bis Deutsch und Englisch, von Sport und Technik bis Kunst und Musik. Das ist natürlich gut so, damit ich nicht schon als Schüler auf ein einziges Gleis gesetzt werde, das mir nur noch wenig Auswahlmöglichkeiten bietet. Aber verständlich, daß ich an den einzelnen Fächern ganz unterschiedlich stark interessiert bin.

Jedem Thema seine Chance

Was tun, wenn ein Thema mich wirklich nicht vom Sessel reißt? Wie war das doch mit den Leuten, die mir auf die Nerven gehen? Was ändert sich, wenn ich mich mit ihnen beschäftige? Ob das mit Lernstoff ähnlich funktioniert? Das käme auf einen Versuch an. *Gib dem Lernstoff eine Chance.*

Pluspunkte durch den Kontrapunkt

Wenn du über einem Aufsatz sitzt und dir zu dem Thema nichts Gescheites mehr einfällt, dann versuche es doch mal mit dem entgegengesetzten Begriff. Suche dir zu den Begriffen, um die es gerade geht, das passende Gegenstück. Zum Beispiel:

Ordnung – Chaos

Planung – Zufall

Mut – Feigheit

Jetzt sammele Ideen unter beiden Begriffen. Du wirst sehen, wieviel Anregung und wieviel Stoff du findest.

Erfolg

Pro	Kontra
Anerkennung	Besessenheit
Freude	Rücksichtslosigkeit
Glück	Streß
Gewinn	Selbsttäuschung
Sicherheit	Ungerechtigkeit
Zielstrebigkeit	Karrieredenken
Befriedigung	
Bestätigung	

Auf diese Weise beschäftigst du dich sehr intensiv mit einem Thema und betrachtest es von verschiedenen Seiten. Das schützt vor Einseitigkeit und du wirst feststellen, daß du auch viel schneller dabei lernst. Denn jedes Argument wird im Gedächtnis vom Gegenargument mitgestützt.

Prüfungen

Pro		Kontra	
Ansporn Wettstreit Leistungsnachweis Training Erfolgserlebnis	Orientierungshilfe Anhaltspunkt Vergleichsmöglichkeiten Fremdeinschätzung	Festlegung Leistungsdruck Angst Zufallsergebnisse Ungerechtigkeit	Mißerfolgserlebnisse Zeitdruck Denkblockaden Fragwürdige Methoden

Indem ich mich so mit einem Thema beschäftige, entdecke ich plötzlich eine Menge „alter Bekannter". Wenn du dich stark für ein ganz bestimmtes Moped oder Motorrad interessierst, siehst du diese Maschine sehr viel häufiger als eine andere, die dir überhaupt nichts bedeutet.

Wie Informationen zu Wissen werden

Es gibt kein Wissen an sich. Informationen können nur zu Wissen werden, wenn ich eine Beziehung zu ihnen habe, wenn sie mir etwas bedeuten. Diese beiden Kräfte steuern mein optimales Lernen.
Wenn ich nun in einer Beziehungskrise zu meinem Lernstoff stecke, könnte ich ja mal herausschreiben, was mich in diesem Fach noch am ehesten interessiert. Wo ich am leichtesten das Gefühl gewinnen kann, daß sich mein Einsatz lohnt. Wo gibt es Anknüpfungen zu meinem Hobby? Mit wem könnte ich mal einen ausführlichen Plausch über dieses Stoffgebiet halten?

Denke an jemanden, den du gut leiden kannst, und der in diesem Fach echt etwas zu bieten hat. Was findet dieser sympathische Mensch so positiv daran? Wenn du keine Antwort findest, frage ihn doch selbst danach.
Mußt du ein Thema in Geschichte, Erdkunde oder Biologie bearbeiten, so mach dir einen Spickzettel mit Stichworten für einen Vortrag, den du in Gedanken oder tatsächlich vor der Klasse halten willst.
Kannst du mit dem Thema nichts anfangen, weil du es langweilig und belanglos findest, so entwirf einmal ein paar Fragen, die in einer Prüfung oder Klassenarbeit gestellt werden könnten. Oder, wo kann ich mit diesem Thema sonst noch etwas anfangen? In welchen Zeitschriften oder Fernsehsendungen könnte ich etwas Spannendes über den trockenen Stoff erfahren?

Die Motivation braucht Streicheleinheiten

Was für den Motor der Treibstoff ist, sind die Erfolgserlebnisse für deine Motivation. Und wenn du Erfolg haben willst, mußt du ihn dir auch vor Augen halten. Was hältst du zum Beispiel von einem Erfolgssymbol? Das muß nicht gleich eine Platin-Trophäe sein, ein Schmierzettel tut es manchmal auch, wenn ein echtes Erfolgserlebnis darauf festgehalten ist. Zum Beispiel ein Zitat aus der letzten Deutschstunde:

> „Eberhard, gut – nein, sehr gut, wie Sie das formuliert haben!"
>
> Donnerstag, 31. Februar — Dr. Möggele

Ein solcher Schmierzettel über deinem Schreibtisch kann eine ganz starke Ausstrahlungskraft haben. Gerade wenn du an einer schwierigen Aufgabe sitzt, von der du nicht weißt, wie du sie anpacken sollst, vor der du dich ganz gern drücken möchtest, genügt manchmal ein Blick zu deinem persönlichen Erfolgssymbol.

Konzentration und Gedächtnis

Das Gedächtnis hängt eng mit der Aufmerksamkeit zusammen. Wenn wir nicht gewöhnt sind, Dinge um uns herum bewußt wahrzunehmen, weil wir in Gedanken immer schon den nächsten Schritt tun, muten wir unserem Gedächtnis einiges zu.
Wenn du in Gedanken ständig unterwegs bist, macht deine innere Unruhe der Konzentration immer wieder einen Strich durch die Rechnung.
Wer sich konzentrieren soll, muß sich erst einmal entspannen können:
Ordne deine Gedanken. Dahinhastende und verworrene Gedanken können nur Verwirrendes hervorbringen.
So wie ein Brennglas die Lichtstrahlen bündelt, richte deine Gedanken auf einen Punkt. Wo immer der auch liegen mag.

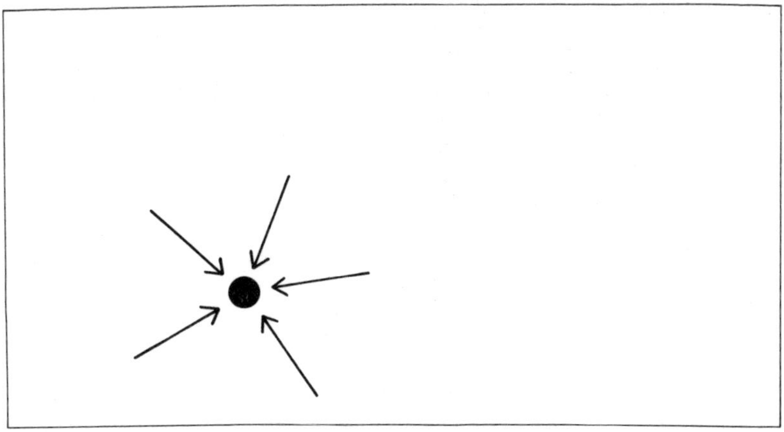

Konzentration heißt, sich auf eine Mitte hin sammeln.

Solange Gedanken ungeordnet durch den Kopf jagen, kann er für Problemlösungen nicht frei sein.

Die Stop-Methode

Immer, wenn du merkst, daß deine Gedanken spazierengehen, kannst du die Stop-Methode wunderbar trainieren. Wenn dir zum Beispiel nachmittags mitten in einer Aufgabe irgendein Ärger vom Vormittag in den Sinn kommt, kannst du mit einem bewußten „Stop!“ gegensteuern. Du könntest dir sagen: „Stop – darüber denke ich um 17.00 Uhr nach. Jetzt bringt es nichts!“
Läßt der Ärger sich auf diese Weise nicht vertreiben, könntest du es mit einer kleinen Konzentrationsübung versuchen. Dabei ist es wichtig, daß du deine Gedanken weit weg führst vom Unruheherd, auch weit weg von dir selbst. Wenn deine Aufmerksamkeit nämlich auf deine Person gerichtet bleibt, kommst du aus diesem Kreis nicht heraus. Solche kurzen Konzentrationsübungen könnten zum Beispiel sein:

Schließe die Augen. Versuche in dich hineinzuhören und achte ganz bewußt auf deinen Atem. Du spürst, wie du die Luft durch die Nase aufnimmst und wie sie zwischen Zähnen und Lippen entweicht.

Oder:

Versuche, dich mit geschlossenen Augen in bestimmten Situationen aufmerksam zu beobachten. Zum Beispiel beim Sport, auf einer Fete, im Unterricht.

Oder:

Stelle dir in Gedanken einmal ganz intensiv jedes einzelne Gesicht der Leute vor, mit denen du gestern oder vorgestern gesprochen hast.

Oder:

Schau dir eine Minute lang die oberste Reihe deines Bücherregales an. Nun schließe die Augen und zähle das Gesehene der Reihe nach auf.

Mit solchen und ähnlichen Übungen bestimmst du, wohin deine Gedanken dich führen. Es lohnt sich, seine Konzentration zu trainieren, weil man damit seine Willenskraft erhöht und schließlich leichter lernt.
Willst du dir selbst beweisen, daß du dich solchen ersten Eindrücken und Gedanken widersetzen kannst? Schau dir die beiden Kreise in der Mitte an:

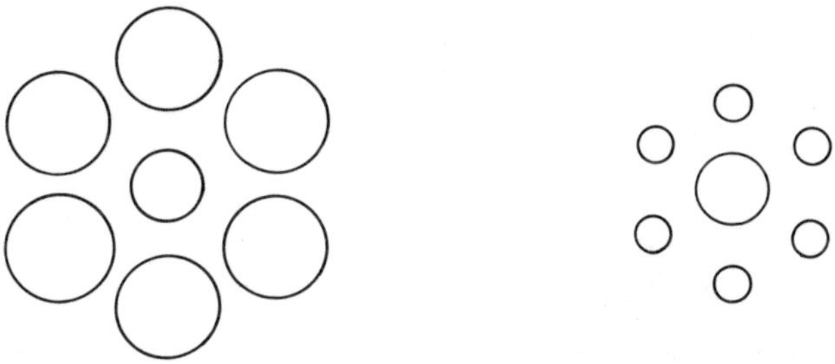

Zunächst läßt die optische Täuschung sicher den rechten Kreis größer erscheinen. Nun steuere solange dagegen, bis du beide Mittelkreise gleichgroß siehst.
Und weil es so schön war, das Ganze noch einmal mit Linien:

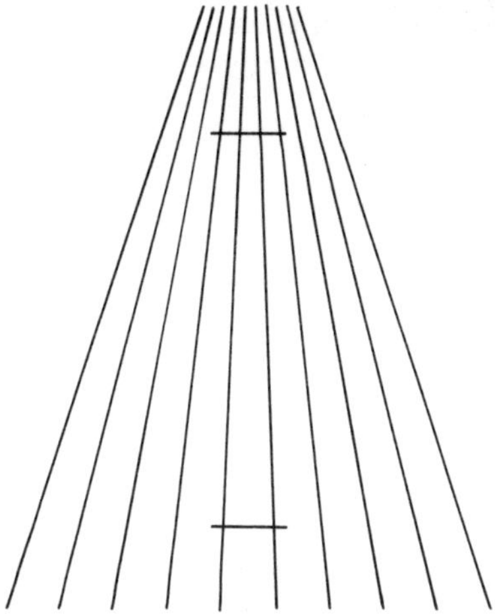

Wie oft wir uns etwas vormachen lassen, weil wir nicht intensiv genug hinschauen, ist sicher ein Thema, bei dem es sich lohnt, ein paar Minuten dabei zu bleiben.

Schaue dir die nebenstehende Figur eine Minute lang an. Danach verdeckst du sie und versuchst, die Figur aus dem Gedächtnis aufzuzeichnen.

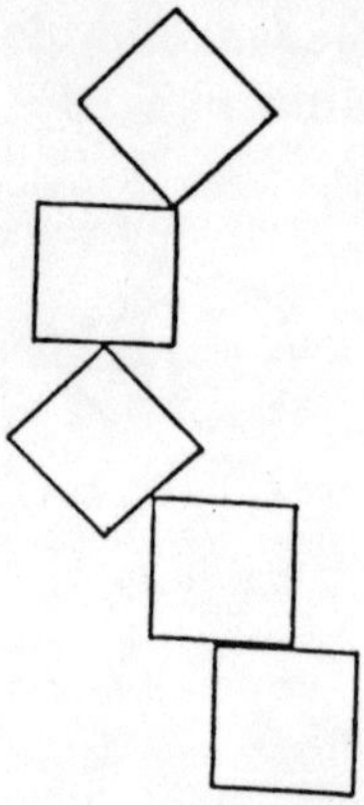

Hier sind es Dreiecke, die dein Gedächtnis fordern. Prüfe es auf die gleiche Weise wie oben.

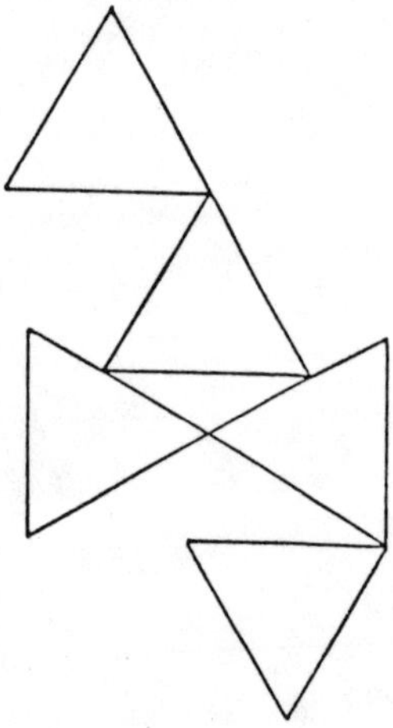

Damit du aber jetzt vor lauter Konzentration nicht noch Kopfweh kriegst, hier zum Ausklang eine kleine Lockerungsübung:
Kannst du spontan sagen, mit welchem Fuß du normalerweise die erste Stufe einer Treppe nimmst?
Oder welchen Schuh du immer zuerst anziehst oder zubindest?
In welcher Richtung lassen sich die Türen in eurer Wohnung öffnen?
An welcher Stelle der Telefonwählscheibe oder Tastatur befindet sich die Null?
Weißt du noch, was du an allen Tagen der letzten Woche zu Mittag gegessen hast?
Da staunst du, was? Die vielen Dinge, die wir täglich unbewußt tun oder wahrnehmen, sollten wir von Zeit zu Zeit einmal bewußt beleuchten. Das müssen keine Kraftakte sein. Und besondere Scheinwerfer sind auch nicht dazu erforderlich.

Ich sehe was, was du nur riechst

Lernmethoden: Wie ich am besten lerne

Jeder Mensch lernt anders

Ob du besser riechst als siehst oder mehr durch Zuhören verstehst, ob du mehr mit Bildern und Symbolen als mit mathematischen Strukturen anfangen kannst, das kann dir die beste Statistik nicht verraten. Sie liefert dir zwar grobe Orientierungspunkte, doch wie du am besten lernst, kannst du eigentlich nur selbst ermitteln.

Die bessere Nase

dpa. MÜNCHEN. Frauen verfügen über einen ausgeprägteren und differenzierungsfähigeren Geruchssinn als Männer. Diese oft aufgestellte Behauptung wurde jetzt durch amerikanische Untersuchungen wissenschaftlich untermauert, schreibt die Münchener Medizinische Wochenschrift (MMW) in ihrer jüngsten Ausgabe. 2000 Versuchspersonen unterzogen sich einer Testserie, bei der verschiedene Riechsubstanzen zu unterscheiden waren. In allen Gruppen schnitten die Frauen besser ab als die Männer. Die Überlegenheit der Frau beim Geruchssinn scheint universal zu sein, schlußfolgert die MMW.

Badische Zeituntg: 20.3.86

Worauf deine Antenne am stärksten ausgerichtet ist, kannst du auf den nächsten Seiten selbst überprüfen.
Wenn du die nächsten Seiten liest, kannst du natürlich nicht allein vom Lesen her schon wissen, welche Methoden für dich am wirkungs-

vollsten sind. Da müßtest du die Übungen schon ausprobieren. Das dürfte dir am meisten bringen, wenn du sie dir in den nächsten Tagen der Reihe nach vornimmst.

Gewußt – wo

Wenn der alte Simonides, ein griechischer Dichter um 500 v. Chr., eine Rede zu halten hatte, so ging er in Gedanken immer in den Tempel. An jeder Säule hatte er ein bestimmtes Stichwort festgemacht. Hinterher bei seiner Rede ging er geistig von Säule zu Säule durch den Tempel, und die Stichworte fielen ihm wieder der Reihe nach ein.
Tatsächlich ist die Stelle, wo ich eine Information ablege oder finde, für viele eine hervorragende Gedächtnisstütze. Geht es auch dir so, daß du dich genau erinnerst, wo du ein bestimmtes Wort gelesen hast? Daß du so etwas manchmal im Bruchteil von Sekunden aufnimmst, kannst du ganz schnell selber testen (frei nach „Sperlings Experiment“, aus: Metzig u. a.: „Lernen zu lernen“. Heidelberg 1981).
Schau auf das Kreuz in diesem Quadrat.

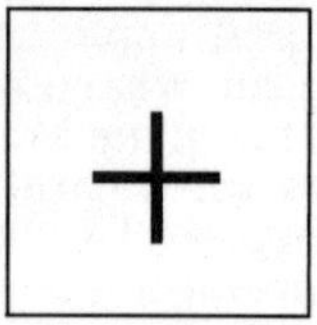

Wenn du gleich aufgefordert wirst, umzublättern und einen ganz kurzen Blick auf das Quadrat auf der nächsten Seite zu werfen, dann blättere anschließend sofort hierher zurück. Bitte jetzt!
Schau dir nun dieses Quadrat eine Weile an.

Und als nächstes dieses:

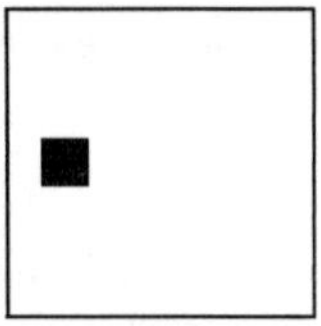

Erinnerst du dich, welcher Buchstabe in dem Quadrat der nächsten Seite an der Stelle dieses schwarzen Feldes steht? Kontrolliere, ob dir das Experiment gelungen ist.
Wenn ja, lohnt es sich vielleicht, sich weitere Gedanken darüber zu machen, wie Stichworte, Formeln oder Vokabeln einen festen Platz bekommen könnten. Wie Simonides durch den Tempel ging, könntest du bestimmte Stellen deines Schulweges nachgehen oder Einrichtungsgegenstände deines Zimmers dir vor Augen führen.

Wenn du zum Beispiel die Stichworte

Randwachstum
Mittelrippe
Knospenschuppen
Holzgewächse
Keimpflanzen
Blattstiel
Blütenachse
Rübenpflanzen
Schwarzwurzel
Ölrettich
Schlangenrettich

behalten müßtest, könnte es eine Hilfe sein, jedes Stichwort ganz bewußt an einem bestimmten Einrichtungsgegenstand in deinem Zimmer festzumachen. Dabei müßtest du dir dein Stichwort und den Gegenstand ganz konkret vorstellen.
Vielleicht stellst du noch andere Wirkungen deines lokalen Gedächtnisses fest.
Wenn du zum Beispiel eine Liste von 30 Vokabeln zu lernen hast,

könnte es sein, daß auch du dir die ersten fünf, ganz besonders aber die letzten fünf, deutlich besser merken kannst als die mittleren.

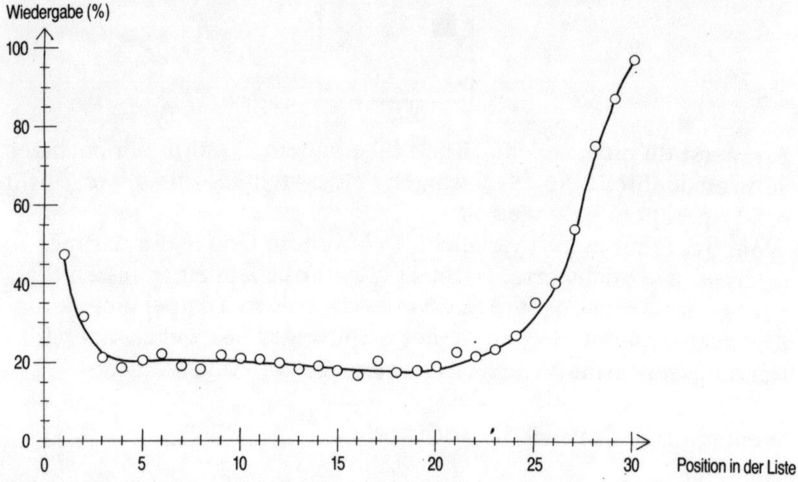

Positionskurve. Die ersten und die letzten Elemente einer zu lernenden Liste werden am besten behalten. (Aus: Metzig u. a., Lernen zu lernen. Berlin, Springer Verlag 1981)

Wenn das so ist, dann ist es von Vorteil, wenn du die Vokabeln, die dir schwierig erscheinen, an den Anfang oder Schluß deiner Liste stellst.

Auch wenn diese Technik nicht unbedingt das Behalten völlig verbessert, so bietet sie doch den besseren Zugriff, d. h. das Auffinden wird erleichtert. Und das Gewußt-wo ist ja das A und O jeder Gedächtnisarbeit.

So kann es für das Erinnern eine weitere Hilfe sein, wenn du dir die Stelle in dem Buch, wo die benötigte Information steht, vor deinem geistigen Auge erscheinen läßt. Siehst du auch, was darüber, daneben oder darunter steht?

A	S	U
P	T	V
Q	R	X

Wie gut gelingt es dir überhaupt, Gelesenes, Gesehenes oder Erlebtes nochmals wie einen Film vor dir ablaufen zu lassen? Kannst du auf Kommando die letzte Unterrichtsstunde in deinem Lieblingsfach abrufen?
Siehst du jetzt die Gesichter der Leute vor dir, denen du heute begegnet bist?
Erinnere dich an den letzten Ferientag. Kannst du dir eine bestimmte Situation in allen Einzelheiten noch genau vorstellen?
Kannst du eine bestimmte Wegstrecke, die du in den letzten Ferien öfter entlanggegangen bist, ohne Schwierigkeiten vor dir ablaufen lassen?
Wenn du noch weiter zurückgehst: siehst du dich an deinem ersten Schultag deutlich vor dir?
Bei diesen Fragen und Aufforderungen konntest du selber spüren, ob du genügend Anhaltspunkte für ein gutes visuelles Gedächtnis gefunden hast.

Abstrakte Kunst: Mein Sinn für geometrische Gebilde

Wie gut du dir abstrakte Zeichen merken kannst, macht dir die nächste Übung klar. Schau dir diese Figuren zwei Minuten lang an, in der Absicht, hinterher möglichst viele davon auswendig zeichnen zu können:

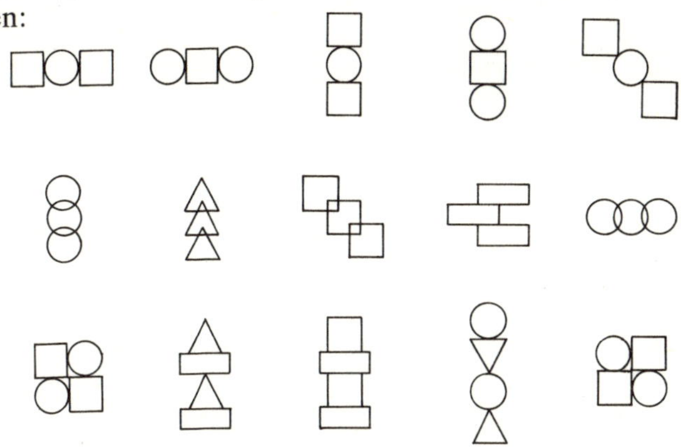

Leg nun das Buch beiseite, beschäftige dich einen Augenblick mit etwas anderem, zähle zum Beispiel langsam bis 50, dann nimm Stift und Papier und zeichne die geometrischen Figuren aus dem Gedächtnis nach.
Vergleiche deine Arbeit mit der Zeichnung hier und trage die Anzahl der richtigen Lösungen in das Kästchen ein.

Bist du mit dem Ergebnis nicht zufrieden, weil du schon immer wußtest, daß du dir an abstraktem Stoff am ehesten die Zähne ausbeißt, dann versuche es mit konkreten Bildern.

Laß Bilder sprechen: Visuelles Gedächtnis

Bevor du Techniken kennenlernst, abstrakte Begriffe durch konkrete Bilder zu ersetzen, solltest du dich erst einmal davon überzeugen, wie gut bildhaftes Lernen bei dir hängenbleibt.
Zunächst einmal könntest du ein ganz lustiges Experiment dazu machen. Drei Dinge sind dazu erforderlich: eine Schere, ein Versandhauskatalog und ein netter Mensch, der eine halbe Stunde Zeit für dich hat.
Dieser nette Mensch muß nämlich ungefähr 150 bis 200 Bilder aus dem Katalog ausschneiden. Natürlich sollten es nicht allzuviele ähnlich aussehende sein. Und du darfst ihm bei der Arbeit auch nicht zuschauen.
Jetzt kommt der spannende Augenblick: der nette Mensch zeigt dir nun nacheinander im Drei- bis Vier-Sekunden-Takt 100 bis 150 dieser Bilder. Bild für Bild schaust du dir interessiert und konzentriert an.
Danach nimmt deine Versuchspartnerin oder dein -partner eine bunte Auswahl von 25 der gezeigten Bilder und nochmals genausoviele aus dem Stapel der Abbildungen, die du noch nicht gesehen hast.
(Diese Bilder sollten auf der Rückseite von jenem netten Menschen gekennzeichnet worden sein, damit es bei der Kontrolle keine Diskussionen gibt.)
Alle fünfzig Bilder werden nun gemischt und dir vorgelegt. Du sagst bei jedem Bild, ob es im ersten Durchgang schon dabei war oder jetzt erst dazugekommen ist.
Wahrscheinlich wirst du überrascht feststellen, wieviele Treffer du erzielst.
Würdest du eine solche Übung mit 150 bis 200 Wörtern machen, wäre das Ergebnis wahrscheinlich höchstens halb so gut.

Kettenreaktion: Merktechnik durch Verknüpfungen

Lernen in Bildern ist dann besonders wirkungsvoll, wenn die Begriffe und Elemente der bildlichen Vorstellung in Beziehung zueinander stehen und etwas miteinander zu tun haben. Dann nämlich wird ein

Element durch die bildhafte Vorstellung des folgenden Elements gestützt.
Wenn du zum Beispiel eine Stichwortsammlung für kurze Zeit im Gedächtnis behalten müßtest, wäre die Bilderkette ein ganz lustiges und wirkungsvolles Verfahren.

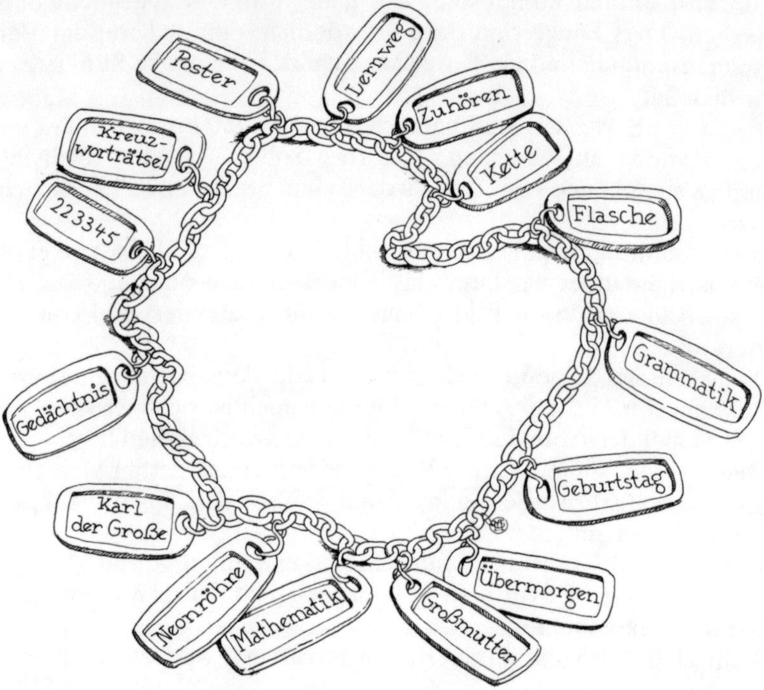

Nimm als ersten Begriff die *Flasche*. Es folgt die *Grammatik*. Wenn du dir nun vorstellst, wie in deiner Grammatik eine Flasche liegt, gehören diese zwei Begriffe schon zusammen. Es folgt der *Geburtstag*, an dem du die Grammatik geschenkt bekommst. Auch das stellst du dir sehr leb- und bildhaft vor. Deinen Geburtstag kannst du übermorgen bereits feiern. Das mußt du dir genauso klar vor Augen führen, wie übermorgen den Besuch bei deiner *Großmutter*. Du kommst zu deiner Großmutter und siehst sie *Mathe* büffeln. Das Mathebuch hängt an der *Neonröhre* und diese Neonröhre hält *Karl*

der Große als Zepter in der Hand. Karl der Große macht gerade eine Gedächtnisübung und in seinem Gedächtnis hat er die Nummer *223345* sofort gespeichert. Die Nummer 223345 ist in einem *Kreuzworträtsel* einzutragen und das Kreuzworträtsel hängt als *Poster* an der Wand. Mit dem Poster läufst du über einen *Lernweg,* und auf diesem Lernweg mußt du viel *zuhören.* Bei diesem Zuhören hörst du eine *Kette* rasseln. An dieser Kette wird eine Flasche hergezogen. Und eben diese Flasche liegt in der Grammatik.
Wenn du diese Kette noch einmal so abklapperst, und dir die Gegenstände möglichst lebhaft und in action vorstellst, wirst du nachher bei der Überprüfung vielleicht recht verblüfft sein.
Leg nun Papier und Stift bereit, zähle langsam bis 50, wobei du dich ganz auf die Zahlen konzentrierst, leg das Buch beiseite und schreibe all die Begriffe auf, an die du dich erinnerst. Du kannst beginnen, wo du willst. Fang zum Beispiel mit *Karl dem Großen* an.
Vergleiche deine Notizen mit den Begriffen an der Kette. Für jeden richtig erinnerten gibt es einen Punkt. Trage deine Punktzahl ein.

9

Wahrscheinlich fragst du dich, wozu dir solche Bildchen nützlich sind.
Falls du in dieser Übung mehr als 10 Punkte ergattern konntest, könnte es der Fall sein, daß du durch bildhaftes Lernen besonders profitierst. Dann ist es ratsam, wenn du in Fächern wie Erdkunde, Biologie oder Geschichte einzelne Situationen des Stoffgebietes, das ihr gerade behandelt, in einem konkreten Bilde vor dir siehst.
Die beiden Wissenschaftler Düker und Tausch haben 1970 eine ganz nützliche Feststellung dazu gemacht. Sie konnten nämlich nachweisen, daß bei einem Bild, oder noch besser, bei lebendigem Anschauungsmaterial, nicht nur das Objekt selbst besser im Gedächtnis bleibt, sondern auch all die Dinge, die mit ihm in Verbindung stehen. Erfahre ich zum Beispiel nähere Einzelheiten über Lebensgewohnheiten im Verbreitungsgebiet eines Tieres, das ich ausgestopft oder lebendig vor mir sehe, dann kann ich auch von diesen Informationen mehr behalten.

Keine Speicherkapazität verschenken

In unserem Kurzzeitgedächtnis haben wir etwa fünf bis neun Speicherplätze, die du dir wie riesige Schubladen vorstellen kannst. In jeder Schublade könnte man ein ganzes Haus unterbringen. Es gibt aber Leute, die nur einzelne Ziegelsteine darin ablegen.
Eine einzelne Schublade ist voll, egal, ob du ein ganzes Haus, eine Wand oder nur einen Ziegelstein darin verstaust. Es liegt also an mir, zu welchen Einheiten ich meinen Lernstoff zusammenfassen kann. Je besser ich ein Gebiet überblicke und kapiere, worum es eigentlich geht, um so besser kann ich meine Schubladen sinnvoll auslasten.
Ein Beispiel:

Versuche, dir die Anordnung der einzelnen Striche einzuprägen. Nimmst du jeden Strich für sich, hast du schon elf Schubladen gefüllt. Kannst du aber einzelne Striche schon zu Buchstaben zusammenfassen, benötigst du nur noch drei bis vier Schubladen:

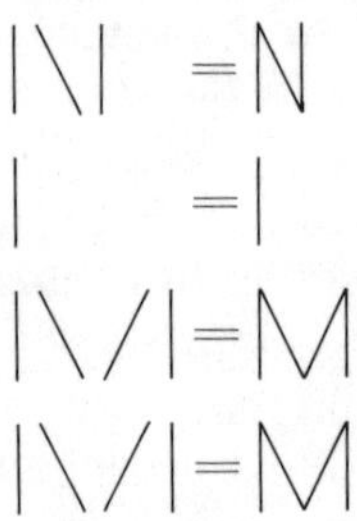

Und wenn es dir gelingt, das Ganze in einem Wort zu erfassen, paßt alles in eine einzige Schublade hinein:

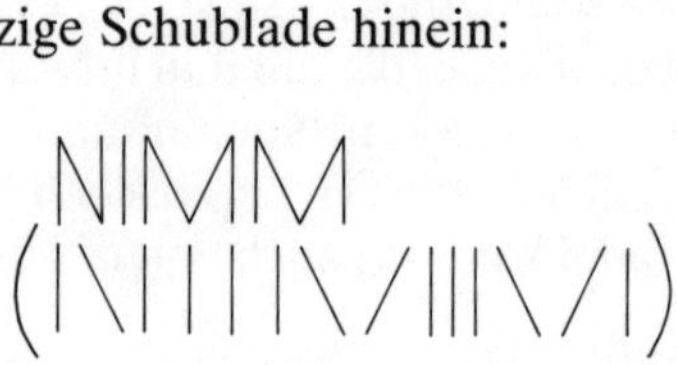

Willst du also jede Menge kaum verdauten oder nur halb kapierten Stoff in deinem Speicher unterbringen, mußt du dir wahrscheinlich eine Riesengedächtnisleistung abverlangen. Wenn ich die Ziegelsteine für ein ganzes Haus auf einzelne Schubladen verteile, dann ist das Grund genug, das Lernprogramm sofort zu ändern.
Nimmst du dir zum Beispiel ein Kapitel in Geschichte vor, so darfst du nicht jeden Satz, jedes Wort für wichtig halten. Versuche, einzelne Abschnitte in einem Sätzchen oder einem Stichwort zusammenzufassen. Dabei solltest du ruhig den Mut zur Lücke haben.
Und manchmal ist aber auch das Gegenteil der Fall, da hilft es dir eher, wenn du noch etwas hinzufügst.

Schneller lernen durch Zusatzinformationen

Was glaubst du, wie lange du benötigst, das Morse-Alphabet auswendig zu lernen? Vorausgesetzt, du kennst es nicht schon.

A = · –	N = – ·
B = – · · ·	O = – – –
C = – · – ·	P = · – – ·
D = – · ·	Q = – – · –
E = ·	R = · – ·
F = · · – ·	S = · · ·
G = – – ·	T = –
H = · · · ·	U = · · –
I = · ·	V = · · · –
J = · – – –	W = · – –
K = – · –	X = – · · –
L = · – · ·	Y = – · – –
M = – –	Z = – – · ·

Wenn du dir vorstellen kannst, daß das doch eine ganze Weile dauern dürfte, wäre das die richtige Einstimmung, die Methode der Zusatzinformationen auszuprobieren. Wenn du zu jedem Buchstaben nämlich ein bestimmtes Wort lernst, das mit diesem Buchstaben

beginnt, hast du wahrscheinlich in drei Minuten das ganze Morse-Alphabet im Kopf. Die Zusatzwörter sind nämlich so ausgewählt, daß sie mit ihren kurz- und langgesprochenen Silben das Kurz-Lang-System nachhaltig vermitteln. Willst du zusätzlich noch diesen Lernvorgang durch Rhythmik unterstützen, kannst du bei den kurzen Silben (···) auf den Tisch klopfen und bei den langen (– – –) so tun, als wolltest du etwas beiseite schieben.
Was meinst du, wie lange du jetzt noch brauchst, um mit dem Morse-Alphabet zurechtzukommen?

A = · – Atom	N = – · Nadel
B = – · · · Bärentatze	O = – – – Oh wie wohl
C = – · – · Chromputztücher	P = · – – · Postbriefträger
D = – · · Diesellok	Q = – – · – Quarzuhrschicksal
E = · Eis	R = · – · Roßhaarbett
F = · · – · Frischfischlager	S = · · · Suppentopf
G = – – · Grünkohlblatt	T = – Tee
H = · · · · Hitzewelle	U = · · – Untertan
I = · · Insel	V = · · · – Verrücktes Spiel
J = · – – – Jasminteekur	W = · – – Wollhaarschaf
K = – · – Klostersaal	X = – · · – Xeroxabzug
L = · – · · Latzhosenschnitt	Y = – · – – Überseeboot
M = – – Motor	Z = – – · · Zootierfutter

Daß das Hinzufügen von Informationen, also eine echte Mehrarbeit, sich als Lernhilfe auswirken soll, erscheint mir oft am Anfang einer Arbeit mehr als fraglich. Bleibe ich bei dieser Einstellung, behalte ich auch recht. Spätestens beim zweiten Anlauf merke ich: „Siehst du, ich habe es ja gleich gesagt, die Methode ist so bescheuert, die kann ja gar nicht funktionieren". Die Psychologen nennen das eine „sich selbst erfüllende Prophezeiung" (self-fullfilling prophecy). Mit anderen Worten: ich weiß vorher schon, daß es nicht klappen wird – und prompt erfüllt sich diese Vorhersage.

Lernstoff merk-würdig machen

Du hast es sicher schon bei den bisher erwähnten Eselsbrücken gemerkt: je komischer und *merk-würdiger* ein Lernstoff ist, desto besser kann ich ihn behalten. Eine ganz besondere Art solcher merkwürdiger Brücken kannst du am Beispiel schwieriger Englischvokabeln verfolgen. Hier benötigst du als Werkzeug sogenannte Schlüsselwörter. Das sind Verbindungsstücke zwischen den englischen Wörtern und den deutschen Bedeutungen: Wörter, die deiner Phantasie entspringen. Sie haben nichts mit der englischen Wortbedeutung zu tun, sondern bauen Brücken von der Aussprache, dem Klangbild her.

Beispiel: to horrify – erschrecken.

Als Schlüsselwort wird hier „Ohrfeige“ verwendet. Stell dir in einem dramatischen Bild vor, wie du unheimlich **erschrickst,** weil du eine **Ohrfeige** aus heiterem Himmel bekommst.

Oder: to agree – einverstanden sein.

Als Schlüsselwort bietet sich hier „Grieß“ an.
In deiner Phantasie siehst du jemanden, der damit **einverstanden ist,** daß man ihm **Grießbrei** in den Kaffee schüttet. Welches Phantasiebild du dir wählst, ist ganz deinem Erfindungsgeist überlassen. Es kann so skurril und albern sein, wie du willst. Wichtig ist nur, daß du dir ein möglichst *seltsames* Bild ausdenkst.
Diese Methode erscheint dir auf den ersten Blick sicher umständlich und sinnlos. Wenn du aber etwas Übung hast, wirst du staunen, wie gut sie funktioniert.
Mache den Test und überprüfe die Wirksamkeit an der folgenden Liste von Vokabeln und Redewendungen. In der linken Spalte stehen die englischen Begriffe, in der Mitte die „Brücken“ und in der rechten Spalte die deutsche Bedeutung. Male dir bei den Schlüsselwörtern *wirklich* verrückte Phantasiebilder aus, die du mit der deutschen Bedeutung in Verbindung setzt.

to go by bus	*so ein Spaß*	**Bus fahren**
at random	*Fred rennt um*	**aufs Geratewohl**
fidget	*Fische*	**Zappelphilipp**
clerk	*parkt*	**Angestellter**
frown	*Frauen*	**die Stirn runzeln**
anticipate	*Antiquität*	**voraussehen**
cradle	*Gretel*	**Wiege**
likelihood	*leichter Hut*	**Wahrscheinlichkeit**
pang	*peng!*	**plötzlicher Schmerz**
at the most	*hetz die Maus*	**bestenfalls, höchstens**
contempt	*kommt Hemd*	**Verachtung**
capital fun	*Kapitalfang*	**Heidenspaß**

Sicher, solche merkwürdigen Lernhilfen können verwirrend sein und zu Verwechslungen führen. Doch diese Gefahren sind vertretbar im Verhältnis zu ihrem Nutzen: Mehr Spaß am Lernen und in der Regel längeres Behalten.

Der Schlüssel-Service: Vokabeldienst

Wenn du für Vokabeln, die du dir nur schwer merken kannst, solche Schlüsselwörter suchst, kannst du sie am besten mit anderen erarbeiten.
Kommt ihr auch dabei nicht so richtig weiter, darfst du gern unseren „Schlüssel-Service" in Anspruch nehmen. Bis zu zehn, höchstens fünfzehn, besonders heimtückischer Vokabeln, die du schon x-mal vergessen oder verwechselt hast, kannst du uns nach St. Blasien schicken. Gern werden wir dir mit den, hoffentlich passenden, Schlüsselwörtern antworten.
Diesen Schlüssel-Service gibt es für Englisch, Französisch und Latein. Hier die Adresse:

Studienhaus St. Blasien
Postfach 1105
7822 St. Blasien

Leg deinem Brief bitte Rückporto bei.
Wenn du mit dem Vokabelnlernen überhaupt keine Probleme hast, brauchst du natürlich solche Eselsbrücken nicht. Genauso wie ein Mathe-As ein ganz anderes Verhältnis zu Zahlen hat als die Mathe-Null. Baddeley (1979) erzählt von dem Mathe-Professor Aitken, daß dieser selbst bei der Zahl 1961 sofort vor Augen hatte, daß es sich um 37×53 oder um 44^2 plus 5^2 oder um 40^2 plus 19^2 handelt.

Geschichte in Zahlen (Test)

Wie gut (oder schlecht) du dir Einzelheiten in Geschichte merken kannst, dafür soll der nächste kleine Test dir ein paar Anhaltspunkte liefern.
Lies dir in Ruhe durch, welche Ereignisse zu den einzelnen Jahreszahlen gehören.

Ein kleiner Tip am Rande, der auch für andere Texte gilt, die du mündlich bearbeiten und lernen mußt: lies ***halblaut.***
Damit kannst du ein wenig vorbeugen, daß deine Gedanken beim stillen Lesen allzu leicht spazierengehen.
Würdest du den Text hingegen laut und kräftig lesen, könnte der Sprechvorgang wichtiger werden als der Text.
Das Halblautlesen ist die ideale Mittellage.

Lies also alles zwei- bis dreimal langsam mit der Absicht durch, das Ereignis bei jeder Jahreszahl möglichst zu behalten.

750 v. Chr.:	Gründung Roms
490 v. Chr.:	Schlacht von Marathon
323 v. Chr.:	Tod Alexanders d. Großen
44 v. Chr.:	Ermordung Caesars
800:	Kaiserkrönung Karls d. Großen
843:	Vertrag von Verdun
1453:	Fall von Konstantinopel
1492:	Kolumbus entdeckt Amerika
1525:	Großer deutscher Bauernkrieg
1648:	Ende des Dreißigjährigen Krieges
1776:	Amerikanische Unabhängigkeitserklärung
1789:	Beginn der Französischen Revolution
1815:	Wiener Kongreß
1917:	Russische Oktoberrevolution
1949:	Gründung der Bundesrepublik Deutschland

Wenn du dir zu jeder Jahreszahl ein Stichwort gemerkt hast, dann kannst du dich wahrscheinlich an manches Ereignis erinnern, sobald du die betreffende Zeitangabe hörst.

Nimm nun Stift und Papier, decke die Angaben neben den Jahreszahlen ab und schreibe alle Stichwörter auf, die du für die Zahlen zusammenbekommst.
Zähle die richtigen Punkte zusammen und trage das Ergebnis in dieses Kästchen ein:

Auf Kommando hören: Auditives Gedächtnis

Wie gut kannst du dich an Dinge erinnern, die du nur gehört hast? Gelingt es dir auf Anhieb, bestimmte Situationen nochmals „abzuhören“?

Hörst du jetzt die Stimme eines Freundes?

Laß eine Nachbarin oder einen Nachbarn etwas zu dir sagen. Kannst du auch diese Stimme innerlich hören?

Geh in Gedanken ins Klassenzimmer. Hast du die Stimme eines Lehrers vor dir? Kannst du die Stimme und das Klangbild von Kameraden auf Kommando abrufen?

Du hörst das Musikstück eines Orchesters oder einer Band. Kannst du ohne Schwierigkeiten ein einzelnes Instrument heraushören und das ganze Stück hindurch verfolgen?

Erinnere dich an ein schönes Ferienerlebnis. Hörst du die Stimmen, den Geräuschpegel oder die Musik im Hintergrund?

Kannst du in ein Gespräch hineinhören, das du mit einer Freundin, einem Freund vor längerer Zeit geführt hast?

Kommt es häufig vor, daß dir ein bestimmtes Wort nicht einfällt, du aber meistens ähnlich klingende Begriffe oder den Anfangsbuchstaben des gesuchten Wortes nennen kannst?

Kannst du gereimte oder rhythmisch ausgesprochene Merkverse (z. B.: drei drei drei, Issus Keilerei oder sieben fünf drei, Rom kroch aus dem Ei) gut behalten?

Konntest du die meisten Fragen mit ja beantworten? Dann könnte das ein wichtiger Anhaltspunkt sein, ganz bewußt deine Ohren als Lernhilfe einzusetzen. Wer sein Gehör gezielt trainiert, achtet plötzlich auf Dinge, die er vorher überhaupt nicht wahrgenommen hatte.

Der Schriftsteller Frederik Hetmann hat zu diesem Thema eine wunderschöne Geschichte erzählt. Es lohnt sich ganz bestimmt, sie sich hinter die Ohren zu schreiben.

Geräusch der Grille – Geräusch des Geldes

Eines Tages verließ ein Indianer die Reservation und besuchte einen weißen Mann, der mit ihm befreundet war.

In einer Stadt zu sein, mit all dem Lärm, den Autos und den vielen Menschen um sich – all dies war ganz neuartig und auch ein wenig verwirrend für den Indianer.

Die beiden Männer gingen die Straße entlang, als plötzlich der Indianer seinem Freund auf die Schulter tippte und ruhig sagte: „Bleib einmal stehen. Hörst du auch, was ich höre?"

Der weiße Freund des roten Mannes horchte, lächelte und sagte dann: „Alles, was ich höre, ist das Hupen der Autos und das Rattern der Omnibusse. Und dann freilich auch die Stimmen und die Schritte der vielen Menschen. Was hörst du denn?"

„Ich höre ganz in der Nähe eine Grille zirpen", antwortete der Indianer.

Wieder horchte der weiße Mann. Er schüttelte den Kopf. „Du mußt dich täuschen", meinte er dann, „hier gibt es keine Grillen. Und selbst wenn es hier irgendwo eine Grille gäbe, würde man doch ihr Zirpen bei dem Lärm, den die Autos machen, nicht hören."

Der Indianer ging ein paar Schritte. Vor einer Hauswand blieb er stehen. Wilder Wein rankte an der Mauer. Er schob die Blätter auseinander, und da – sehr zum Erstaunen des weißen Mannes – saß tatsächlich eine Grille, die laut zirpte.

Nun, da der weiße Mann die Grille sehen konnte, fiel auch ihm das Geräusch auf, das sie von sich gab. Als sie weitergegangen waren, sagte der Weiße nach einer Weile zu seinem Freund, dem Indianer: „Natürlich hast du die Grille hören können. Dein Gehör ist eben besser geschult als meines. Indianer können besser hören als Weiße."

Der Indianer lächelte, schüttelte den Kopf und erwiderte: „Da täuschst du dich, mein Freund. Das Gehör eines Indianers ist nicht besser und nicht schlechter als das eines weißen Mannes. Paß auf, ich will es dir beweisen":

Er griff in die Tasche, holte ein 50-Cent-Stück hervor und warf es auf das Pflaster. Es klimperte auf dem Asphalt, und die Leute, die mehrere Meter von dem weißen und dem roten Mann entfernt gingen, wurden auf das Geräusch aufmerksam und sahen sich um.
Endlich hob einer das Geldstück auf, steckte es ein und ging seines Weges.
„Siehst du", sagte der Indianer zu seinem Freund, „das Geräusch, das das 50-Cent-Stück gemacht hat, war nicht lauter als das der Grille, und doch hörten es viele der weißen Männer und drehten sich danach um, während das Geräusch der Grille niemand hörte außer mir.
Der Grund dafür liegt nicht darin, daß das Gehör der Indianer besser ist. Der Grund liegt darin, daß wir alle stets das gut hören, worauf wir zu achten gewohnt sind."
(Aus: Wildwest Show, Hamburg 1980)

Hören und Behalten

Du brauchst jetzt jemanden, der dir die folgende kurze Geschichte zweimal langsam vorliest. Dabei hörst du ganz konzentriert zu und versuchst möglichst viel davon zu behalten. Wenn du die Geschichte zweimal gehört hast, sollst du einige Fragen beantworten. Willst du wirklich herausfinden, wie gut dir das gelingt, darfst du jetzt nicht mehr weiterlesen. Gib das Buch deinem „Hör-Trainer".

Liebe Trainerin, lieber Trainer,

schön, daß du bereit bist, mit deiner Partnerin oder deinem Partner eine Hör-Probe zu machen. Gib ihr oder ihm eine Chance, möglichst viel von der folgenden Geschichte aufnehmen zu können. Lies den Text deutlich und langsam zweimal hintereinander vor. Zwischenfragen oder Erklärungen sind nicht erlaubt.

Verwandtschaft bei Kamelen

Wenn man als Zoo-Besucher das Dromedar neben dem Lama sieht, so fallen auf den ersten Blick wesentliche Unterschiede im Körperbau auf. Erst bei einem genaueren Vergleich erkennt man, daß die beiden Tierarten in einer verwandtschaftlichen Gruppe stehen. Man weiß heute, daß sich die Kamele, zu denen Dromedare und Lamas gehören, aus einer gemeinsamen Urform entwickelten, die im Jungtertiär, also vor etwa 3 Millionen Jahren, wahrscheinlich in Nordamerika lebte ... Damals bestand noch eine Landbrücke zwischen Alaska und Sibirien. Über diese wanderte vermutlich ein Teil der Urkamele nach Nordafrika. Ein anderer Teil suchte sich neue Lebensräume in den südamerikanischen Gebirgen. In den wärmeren Gebieten Afrikas und Asiens leben die Trampeltiere und Dromedare, während es in den Bergen Südamerikas Kamele gibt, die uns unter dem Gattungsnamen Lama bekannt sind. Während der Besiedelung dieser unterschiedlichen Lebensräume traten Anpassungen im Körperbau auf, so daß wir heute zwei unterschiedlich aussehende Tiere vorfinden.

Trotz dieser Verschiedenheit leben im Fell dieser Tiere Läuse, die einander völlig gleichen. Lamas und Dromedare werden von der gleichen Parasitenart bewohnt. Das ist auffällig, da die Tierwelten Afrikas und Südamerikas sonst recht große Unterschiede aufweisen. Die Gemeinsamkeit im Parasitenbefall kann nur durch die Annahme erklärt werden, daß auch das Urkamel schon von der Kamellaus geplagt wurde. Als die Nachfahren des Urkamels unterschiedliche Lebensräume eroberten, erfolgten Anpassungen an die neue Umgebung. Der Lebensraum der Laus aber blieb während dieser Veränderungen gleich. Körpertemperatur, Luftfeuchtigkeit im Fell und die Zusammensetzung des Kamelblutes änderten sich nicht, so daß die Läuse in der ursprünglichen Form erhalten blieben ... So kommt es, daß verwandte Tiergruppen häufig die gleichen Parasiten haben. Diese Erkenntnis war z. B. sehr hilfreich bei der Entscheidung, ob die Flamingos den Storchenvögeln oder eher den Entenvögeln zuzurechnen sind. Bei der Untersuchung ihrer Parasiten stellte sich heraus, daß die Flamingos von Parasiten befallen sind, die sonst ausschließlich bei Enten vorkommen. Dagegen fehlen die typischen Parasiten der Störche den Flamingos völlig. So hilft eine Laus, den gemeinsamen Ursprung von Tieren zu beweisen.

(Der Text wurde in stark veränderter Form entnommen: Miriam, Wolfgang / Scharf, Karl-Heinz: Biologie heute S II. Schroedel Schulbuchverlag, Hannover 1981, S. 298.)

Versuche nun, ohne langes Überlegen, folgende Fragen zu beantworten:

1. *Welche Tierarten gehören zu den Kamelen?*
2. *In welchen Erdteilen sind die unterschiedlichen Arten verbreitet?*
3. *Von welchem Erdteil aus sind die Kamele in ihre heutigen Lebensräume eingewandert?*

4. *Warum werden noch heute die unterschiedlichen Kamelarten von gleichen Parasiten geplagt?*
5. *Während Lamas und Dromedare Anpassungen an ihre Lebensräume zeigen, haben sich die Kamelläuse über drei Millionen Jahre nicht verändert. Warum nicht?*
6. *Mit welcher Vogelfamilie sind die Flamingos verwandt?*

Antworten

zu 1. Dromedare, Trampeltiere und Lamas.
zu 2. Trampeltiere und Dromedare in den wärmeren Gebieten Afrikas und Asiens; Lamas in den Bergen Südamerikas.
zu 3. Von Nordamerika aus.
zu 4. Weil bereits das Urkamel von der Kamellaus geplagt wurde.
zu 5. Der Lebensraum der Kamellaus blieb während dieser Zeit unverändert. Körpertemperatur, Luftfeuchtigkeit im Fell und die Zusammensetzung des Kamelblutes änderten sich nicht.
zu 6. Mit der Familie der Entenvögel.

Notiere hier die Zahl, wieviele Fragen du richtig beantworten konntest:

Hör-Training für Fortgeschrittene

Wenn du mit dem Ergebnis nicht ganz zufrieden warst, läßt sich das vielleicht ändern. Bei der nächsten Geschichte nämlich hörst du nicht nur einfach konzentriert zu, sondern stellst dich von vornherein ganz anders auf die Geschichte ein. Hierzu nimmst du ein Gerüst, das du bei fast allen „Vorlesungen“ verwenden kannst.

Hörzu-Technik

1. Gelassenheit:	Nicht an einzelnen unbekannten Wörtern hängenbleiben.
2. Thema:	Worum geht es?
3. Handlungsträger:	Welche Personen und wichtigen Dinge kommen vor? In welcher Beziehung stehen sie zueinander?
4. Abfolge der Ereignisse:	Was passiert nacheinander?

Willst du nun den Vergleichstest machen, darfst du die folgende Geschichte natürlich ebenfalls nicht schon vorher lesen. Schau dir statt dessen nochmals die einzelnen Punkte der Hörzu-Technik an, damit du die richtige Einstellung und Fragehaltung finden kannst. Allerdings sollst du auch dies nicht übertreiben. Wenn du nämlich zu sehr an einzelnen Fragen dieser Technik hängenbleibst, bekommst du von dem eigentlichen Text erst recht nichts mit.
Übrigens: damit es auch richtig nach Schule riecht, ist der Text knochentrocken und sozusagen eisenhart.
Es folgt nun die Geschichte, die du dir von jemandem zweimal langsam vorlesen läßt.

Kröten im Freiland

Ende März ziehen die Erdkröten in der Nacht zu ihren Laichplätzen in einem waldnahen Weiher oder See. Wo eine Straße vorbeiführt, werden viele überfahren. Auch die Laichgewässer sind bedroht. Sie verschmutzen oder werden zugeschüttet. Um die Kröten besser schützen zu können, wurden in den letzten Jahren viele tausend Kröten bei der Laichwanderung *markiert* und ihr Verhalten eingehend erforscht.
Die *Frühjahrswanderung* beginnt, wenn die Bodentemperatur 4 °C, die Lufttemperatur 5–6 °C erreicht hat. Meist bewegen sich die Tiere erst in der Dämmerung. Nach 22 Uhr ist es häufig zu kalt. In föhnwarmen Nächten wandern die Tiere bis zum Morgen. Auch Regen verstärkt die

Wanderaktivität. Ist es schon im Februar wärmer, lockt das die Kröten noch nicht hervor. Offenbar muß erst eine bestimmte Tageslänge erreicht sein. Bleibt es im Frühjahr lange kalt, setzt am ersten warmen Abend die Wanderung schlagartig ein, selbst Schneeflächen sind dann kein Hindernis.

Trifft ein Männchen auf ein Weibchen, so umklammert es dieses und läßt sich rittlings in den Teich tragen. Hat das Wasser eine Temperatur von wenigstens 7 °C, *laichen* die Erdkröten ab. Zwei bis drei Wochen bleiben die Kröten im Teich, dann wandern sie in benachbarte Waldgebiete. 500–1500 m vom Laichgewässer entfernt jagen sie den Sommer über Würmer, Schnecken und Insekten. Ihr Aktionsradius reicht etwa 100 m weit. Besonders aktiv sind die Erdkröten nachts bei Regen und Temperaturen über 12 °C.

Kröten schnappen nur nach bewegter *Beute*. Erst wenden sie sich ihr langsam zu, blicken sie starr an und schleudern dann die lange, klebrige Zunge heraus, um sie im Bruchteil einer Sekunde mit der Beute zurückzuziehen.

Ab Oktober graben sich die Kröten im Waldgebiet um den Teich herum in den Boden ein und fallen in *Winterstarre*.

Die *Markierungsversuche* bestätigten eine alte Vermutung: Es gibt eine strenge Bindung der Tiere an das Gewässer, aus dem sie stammen. Vermutlich hat sich ihnen der spezifische Wassergeschmack *eingeprägt*. Auch wenn das Laichgewässer zugeschüttet wird, streben die Kröten zur Laichzeit dorthin. Alte Erdkröten lassen sich kaum an einen Ersatzteich gewöhnen, beim Nachwuchs gelingt dies jedoch: Laichbereite Kröten werden an einem Maschendrahtzaun gefangen und in einen Ersatzteich gebracht. Ein Maschendraht, rings um den Teich, hindert die Tiere daran zu entweichen. Schließlich laichen sie ab. Die aus den Eiern schlüpfenden jungen Erdkröten kehren später immer wieder zu diesem Teich zurück.

Der Text wurde entnommen: Ernst Bauer (Hrsg.): CVK Biologiekolleg. Cornelsen-Velhagen & Klasing Verlagsgesellschaft, Berlin 1981, S. 388.

Hast du beim Zuhören **Gelassenheit** bewahrt und die *Hörzu-Technik* von Seite 58 angewendet?

Dann ist die Frage nach dem **Thema** des Textes leicht von dir zu beantworten: im Text ging es um die Erforschung des Lebens und des Laichverhaltens von Erdkröten im Freiland.

Ebenso einfach wirst du eine Antwort auf die Frage nach dem **Handlungsträger** finden. Alte und junge Erdkröten kommen im Text vor. Sie tragen die Handlung.

Etwas schwerer wird dir jedoch die Erinnerung an die **Abfolge der Ereignisse** fallen. Kurz gefaßt passierte nacheinander Folgendes:

- Beginn der Laichwanderung im Frühjahr bei bestimmten Luft- und Bodentemperaturen.
- Nach dem Laichen entfernen sich die Erdkröten bis 1500 m vom Laichteich und ernähren sich von Beute, die sich bewegt.
- Ab Oktober tritt die Winterstarre ein.
- Markierungen der Kröten haben eine enge Bindung an den Teich ihrer Geburt ergeben.

Wenn du dir so oder so ähnlich diese wesentlichen Punkte **erhört** hast, wirst du ohne Probleme die folgenden Kontrollfragen beantworten können.

1. In welchem Monat beginnt die Laichwanderung der Kröten?
2. Erdkröten stehen unter Naturschutz. Wodurch sind sie gefährdet?
3. Wie kann man in der freien Natur die Wanderung der Erdkröten verfolgen?
4. Was treibt die Erdkröten im Frühjahr zu ihren Frühjahrswanderungen?
5. Wo halten sich die Kröten im Sommer auf?
6. Wie kann man junge Erdkröten an neue Laichplätze gewöhnen?

Nun vergleiche deine Antworten mit den Aussagen im Text. Haben dich die Zuhörhilfen auf die richtige Spur beim Beantworten der Fragen gebracht?

Antworten

zu 1. Ende März.

zu 2. Durch Straßen, die den Weg der Frühjahrswanderung kreuzen. Ferner durch verschmutzte oder zugeschüttete Laichgewässer.

zu 3. Durch Markierung der Kröten.

zu 4. Das Steigen der Boden- und Lufttemperaturen.

zu 5. In benachbarten Waldgebieten, 500 bis 1500 m vom Laichgewässer entfernt.

zu 6. Laichbereite Kröten werden an einem Maschendrahtzaun gefangen und in einen Ersatzteich gebracht. Ein Maschendraht, rings um den Teich, hindert die Tiere daran zu entweichen.

Notiere hier die Anzahl deiner richtigen Antworten:

☐

Kannst du jetzt dem Indianer zustimmen, daß wir alle stets das gut hören, worauf wir zu achten gewohnt sind? Dann wäre es ja gar nicht schlecht, seine Hörzu-Technik ständig auszubauen.

Zuhörer-Test

Bist du ein guter Zuhörer? In wenigen Minuten weißt du mehr hierüber. Kreuze die Aussagen in der rechten oder linken Spalte an, die in deinem Unterricht am ehesten auf dich zutreffen:

- ○ Ich überlege: „Was steckt für mich Lohnendes in dieser Aussage. Ich finde meistens etwas Interessantes heraus.
- ○ Ich urteile erst dann, wenn ich alles aufgenommen habe – vorerst halte ich mich zurück.
- ○ Ich achte auf das zentrale Thema und entdecke immer wieder neue Anregungen.

- ○ Ich schalte bei trockenen, mich nicht interessierenden Themen ab.
- ○ Ich ziehe vieles gleich in Zweifel. Es fällt mir schwer abzuwarten, wenn ich anderer Meinung bin.
- ○ Ich achte mehr auf irgendein Detail als auf den Sachzusammenhang.

- ○ Ich konzentriere mich aufs Zuhören und pfeife mich bei gelegentlichen Ablenkungen selbst zurück.
- ○ Ich nütze schwierige Themen als geistiges Training.
- ○ Ich rege mich über Schwächen des Lehrers nicht sonderlich auf. Ich bin tolerant.
- ○ Ich habe Mut zur Frage, wenn ich etwas nicht verstanden habe. Ich heuchle kein Verstehen vor, wenn mir etwas unklar ist.
- ○ Ich schaue den Lehrer beim Zuhören an, insbesondere, wenn er meine Frage beantwortet.
- ○ Ich melde mich kaum, täusche höchstens Aufmerksamkeit vor.
- ○ Ich werde leicht abgelenkt. Ich halte mich für willensschwach und zeige starke Konzentrationsmängel.
- ○ Ich beiße mich nicht gern durch schwierige Themen. Anspruchsloseres behagt mir mehr.
- ○ Ich rege mich schnell auf – auch über Bagatellen.
- ○ Um mich nicht bloßzustellen, täusche ich lieber ein Verstehen vor.

(Frei nach Rupert Lay)

Den Test kannst du problemlos selber auswerten. Wenn du in der linken Spalte wenigstens doppelt soviele Kreuzchen wie in der rechten markieren konntest, darfst du dich bereits als fortgeschrittener Zuhörer fühlen.

Übrigens, durch dein Zuhörer-Verhalten gibst du auch dem Lehrer eine ständige Rückmeldung:

Positiv halt durch deine Aufmerksamkeit und Ruhe, deinen Augenkontakt und deine Fragen – und eben negativ durch Unaufmerksamkeit, Lesen, Schwätzen, Gähnen oder Dösen.

Und weil Sprecher und Hörer gleichzeitig und sogar gleichwertig am Zustandekommen und an der Qualität eines Gespräches beteiligt sind, hat folglich jeder Schüler genauso das Heft in der Hand.

Ein Gespräch ist ein ständiges Geben und Nehmen; die Rolle des Zuhörers ist hierbei genauso wichtig wie die des Sprechers.

Wenn eine Unterrichtsstunde dich anödet, der Lehrer immer langweiliger wird, hast du mit deinem Feedback wahrscheinlich ein paar Gramm dazu beigetragen.

Eine Portion Vokabeln

Kommen Vokabeln dir oft „spanisch“ vor, könnte das mit deiner Lerntechnik in Verbindung stehen. Wer zuviel auf einmal lernen will, eine ganze Lektion an einem Stück hintereinander lernt, darf sich nicht wundern, daß er am nächsten Tag die Vokabeln zwar größtenteils noch kann, nach drei Tagen aber schon große Lücken hat.
Wahrscheinlich hast du mehr davon, wenn du Vokabeln in Portionen aufnimmst. Überzeuge dich selbst von dieser Methode. Wenn du die Vokabeln in der nächsten Übung genau nach der Anleitung lernst, wird dir alles wirklich spanisch vorkommen.
Du hast jetzt zehn Minuten Zeit, fünfzehn spanische Vokabeln zu lernen. Dabei sollte dich vor allem interessieren, ob du diese Wörter auch nach vier oder fünf Tagen noch beherrschst. Damit du das auch wirklich prüfen kannst, solltest du die Anleitung ziemlich genau beachten.
Für die ersten fünf Vokabeln nimm dir zwei bis drei Minuten Zeit, konzentriere dich vor allem auf das Schriftbild der spanischen Wörter.

diente	–	Zahn
tarta de frutas	–	Obstkuchen
por la tarde	–	nachmittags
es duro el pelar	–	das ist eine harte Nuß
arrugar la frente	–	die Stirn in Falten ziehen

Nachdem du diese Wörter ein paar Mal langsam durchgelesen hast, machst du am besten ein bis zwei Minuten Pause. Damit du nicht für längere Zeit abgelenkt wirst, schließe einfach die Augen.
Ohne dich an die soeben gelernten Wörter erinnern zu wollen, nimm dir nun die zweite Portion vor.

pasta	–	Teig, Masse
asado de cerdo	–	Schweinebraten
además	–	außerdem
no moco de pavo	–	das ist nicht von Pappe
empollar	–	pauken, büffeln

Hast du diese Wörter einige Male langsam durchgelesen? Dann steh bitte auf und gehe ein bis zwei Minuten in deinem Zimmer auf und ab.

Jetzt wiederholst du die ersten zehn Wörter in einer anderen Reihenfolge. Lies diese Portion zwei- bis dreimal durch.

diente	–	Zahn
pasta	–	Teig, Masse
tarta de frutas	–	Obstkuchen
asado de cerdo	–	Schweinebraten
por la tarde	–	nachmittags
además	–	außerdem
es duro el pelar	–	das ist eine harte Nuß
no moco de pavo	–	das ist nicht von Pappe
arrugar la frente	–	die Stirn in Falten ziehen
empollar	–	pauken, büffeln

Jetzt wäre es sinnvoll, wenn du etwas völlig anderes zu tun hättest. Vielleicht ist noch irgendeine Hausaufgabe offen? Oder kennst du jemanden, der sich über einen Brief von dir freuen würde? Jedenfalls wäre es gut, erst in einer halben Stunde in diesem Buch weiterzuarbeiten.

Etwa dreißig Minuten später folgt nun der dritte Teil:

abrigo	–	Mantel
estado de ánimo	–	Geisteszustand
colérico	–	jähzornig
uno tras otro	–	nacheinander
nada más	–	nichts mehr

Es folgt wieder eine Minute Abschalten. Danach wiederholst du vorerst zum letzten Male alle fünfzehn Wörter wiederum in einer neuen Reihenfolge.

diente	–	Zahn
pasta	–	Teig, Masse
abrigo	–	Mantel
tarta de frutas	–	Obstkuchen
asado de cerdo	–	Schweinebraten
estado de ánimo	–	Geisteszustand
por la tarde	–	nachmittags
además	–	außerdem
colérico	–	jähzornig
es duro el pelar	–	das ist eine harte Nuß
no moco de pavo	–	das ist nicht von Pappe
uno tras otro	–	nacheinander
arrugar la frente	–	die Stirn in Falten ziehen
empollar	–	pauken, büffeln
nada más	–	nichts mehr

Für den Rest des Tages sollen dich diese Wörter nun nicht mehr interessieren. Nimm heute abend, vielleicht vor dem Schlafengehen, die letzte Vokabelliste nochmals vor und überprüfe, wieviele Wörter du noch kannst. Es reicht zunächst, nur die deutsche Bedeutung zu kennen.
Notiere hier die Zahl der gewußten Wörter:

Testpilot von Vokabelmaschinen

Willst du herausfinden, mit welcher Methode du Vokabeln am besten in den Griff bekommst, nimm dir ungefähr eine Woche lang jeden Tag ein anderes Verfahren vor. Damit du die Ergebnisse aber wirklich miteinander vergleichen kannst, achte darauf, daß jedesmal die Anzahl gleich und der Schwierigkeitsgrad ähnlich ist.
Da man englische Vokabeln eigentlich immer ganz gut brauchen kann, findest du für jeden Tag bereits eine solche Auswahl.
Versuche, bei jeder Methode das Lernen in Portionen so einzuhalten wie bei den spanischen Vokabeln. Die reine Lernzeit sollte zehn Minuten nicht übersteigen. Zwischen dem Lernvorgang und der Kontrolle am Abend sollten mindestens zwei Stunden Pause liegen.

Erster Tag: Hören und Lesen

Falls du dich in der Aussprache sicher genug fühlst, sprich die fünfzehn Vokabeln langsam auf Kassette. Zuerst die englische Redewendung und nach einer kleinen Pause die deutsche Bedeutung. Gelingt dir das auf Anhieb nicht, so findest du bestimmt eine nette Kassettensouffleuse oder einen begabten -souffleur.
Die Begriffe sollten nach folgender Einteilung auf Band gesprochen werden: zunächst die ersten fünf, dann die nächsten fünf, drittens folgen die ersten zehn in einer neuen Reihenfolge, danach die letzten

fünf und zum Schluß alle fünfzehn noch einmal in einer neuen Reihenfolge.
Wie bei den spanischen Vokabeln hörst du den ersten Abschnitt ab, drückst die Stoptaste, liest die fünf Redewendungen noch zwei- bis dreimal durch. Ehe du die nächsten Begriffe abhörst, machst du eine kurze Pause.
Auf diese Weise verfährst du mit den weiteren Portionen wie du es schon von der ersten Übung kennst.

1. Could you do me a favour?	– Darf ich Sie um einen Gefallen bitten?
2. I didn't mean it.	– Es war nicht so gemeint.
3. thunderstorm	– Gewitter
4. road conditions	– Straßenzustand
5. The clutch is slipping.	– Die Kupplung rutscht.
6. The battery's flat.	– Die Batterie ist leer.
7. Please change the Spark-plugs.	– Wechseln Sie bitte die Zündkerzen aus.
8. cloud-burst	– Wolkenbruch
9. Can you look after the injured?	– Können Sie sich um die Verletzten kümmern?
10. You didn't indicate you were going to change lanes.	– Sie haben die Fahrspur gewechselt ohne zu blinken.
11. Will you act as a witness for me?	– Können Sie für mich Zeuge sein?
12. It was my fault.	– Es war meine Schuld.
13. cloudy	– bewölkt
14. There's something wrong with the brakes.	– Mit den Bremsen stimmt was nicht.
15. I'm losing oil.	– Aus dem Getriebe tropft Öl.

Und hier die Erfolgskontrolle. Die Anzahl der behaltenen Begriffe:

☐

Zweiter Tag: Schreiben und halblaut Lesen

Schreibe bitte die ersten fünf englischen Begriffe (von „You need a prescription for this" bis „I've got terrible toothache") auf. Sobald du einen Begriff notiert hast, lies ihn nochmals halblaut vor und sprich dann die deutsche Bedeutung vor dich hin.
Danach machst du das bekannte Päuschen, schreibst anschließend die zweite Portion, dann diese zehn in einer neuen Reihenfolge, danach die letzten fünf und schließlich liest du alle fünfzehn Vokabeln nochmals halblaut vor.

1.	You need a prescription for this.	– Dieses Mittel ist rezeptpflichtig.
2.	appendicitis	– Blinddarmentzündung
3.	to be hoarse	– heiser sein
4.	My leg is swollen.	– Das Bein ist geschwollen.
5.	I've got terrible toothache.	– Ich habe starke Zahnschmerzen.
6.	Can you recommend a good eye-specialist?	– Können Sie mir einen guten Augenarzt empfehlen?
7.	inflammation	– Entzündung
8.	sprained	– verstaucht
9.	Does that hurt?	– Tut es hier weh?
10.	I've lost a filling.	– Ich habe eine Füllung verloren.
11.	I've got an upset stomach	– Ich habe mir den Magen verdorben.

12.	sore throat	– Halsschmerzen
13.	to faint	– in Ohnmacht fallen
14.	Put your tongue out.	– Zeigen Sie die Zunge.
15.	Hould your breath, please.	– Atem anhalten, bitte.

Und wie üblich, folgt am Abend die Kontrolle.

Welche Zahl kannst du heute als deine Tagesleistung eintragen?

☐

Dritter Tag: Vokabeln merk-würdig machen

Heute kannst du ein paar ausgefallene Methoden testen.
Die ersten fünf Begriffe schreibst du am besten mit einem dicken Filzstift auf ein großes Blatt Papier. Das hängst du dir dann als Lernplakat über deinen Schreibtisch. Schau dir die Begriffe der Reihe nach an und stelle dir die Bedeutung recht bildhaft vor. Es wäre gut, wenn dir hierzu sogar recht ausgefallene Bilder (siehe S. 43) einfielen.
Von den nächsten fünf Begriffen schreibe jeden einzeln auf ein extra Blatt, das du an einem bestimmten Gegenstand in deinem Zimmer befestigst oder ablegst. (Erinnerst du dich an die Säulen-Technik des Herrn Simonides? Wenn nicht, schlage auf S. 38 nach!)
Die letzte Vokabelportion sprichst du am besten im Auf- und Abgehen, damit ein bestimmter „Marschrhythmus“ vielleicht als zusätzliche Lernhilfe wirken kann.
Nimm dir für jede dieser drei Portionen etwa drei Minuten Zeit, schalte die üblichen Pausen dazwischen und sei gespannt auf deine Erfolgskontrolle am Abend.

1.	Is there a ferry connection at Dover?	– Habe ich in Dover Anschluß an die Fähre?

2. lighthouse	– Leuchtturm
3. Could you give me something for seasickness, please.	– Geben Sie mir bitte ein Mittel gegen Seekrankheit.
4. life-boat	– Rettungsboot
5. What ports do we call at?	– Welche Häfen werden angelaufen?
6. Do you have special editions too?	– Kann ich bei Ihnen auch Sondermarken bekommen?
7. coin-changer	– Münzwechsler
8. The line's engaged	– Die Leitung ist besetzt.
9. commemorative stamp	– Sondermarken
10. Could you help me fill in the form, please?	– Können Sie mir bitte beim Ausfüllen helfen?
11. My car has been broken into.	– Mein Auto ist aufgebrochen worden.
12. blackmail	– Erpressung
13. We'll look into the matter.	– Wir werden der Sache nachgehen.
14. prison	– Gefängnis
15. I don't think this is right.	– Das scheint mir nicht zu stimmen.

Am Abend: Merkwürdig, welche Zahl ich heute hier notieren kann!

☐

Wenn du die Ergebnisse dieser drei Tage miteinander vergleichst, hast du eine kleine Orientierungshilfe, welche Lernwege dir besonders liegen. Das heißt nun aber nicht, daß du künftig nur noch den besten Weg benutzen sollst. Vielmehr dürfte es besonders wirkungsvoll sein, gerade bei Vokabeln, mehrere Methoden abzuwechseln. Da sollte auch die bewährte alte Lernschachtel nicht fehlen. Du kennst sie vielleicht, die Lernkartei mit ihren verschieden großen Fächern, die du mit Vokabelzetteln füllst. Die Vokabelzettel im Format etwa einer halben Postkarte beschriftest du auf der einen Seite mit dem fremdsprachigen Begriff und auf der Rückseite trägst du die deutsche Bedeutung ein. Solltest du diese sehr bewährte und empfehlenswerte Methode nicht kennen, findest du eine genaue Anleitung in dem Methodik-Bestseller „So macht Lernen Spaß“ (siehe S. 120).

Spaß mit Mathe

Wie sieht es mit deinem Gedächtnis für Zahlen und mathematische Elemente aus?
Nimmt dir zehn Minuten Zeit und du weißt etwas mehr darüber!
Betrachte die Zahlenangaben in der linken Spalte wie fremdsprachige Vokabeln. Die Elemente in der rechten Spalte könnten eine Erläuterung oder Übersetzung sein. Versuche also, dir die Zahlenwerte so einzuprägen, daß du weißt, wie sie zusammengehören. Decke nach einiger Zeit die rechte Spalte ab und versuche Zeile für Zeile die Lösung zu nennen, nachdem du das jeweilige Element in der linken Spalte gelesen hast.

$$\frac{27}{29} \quad + \quad 4812$$

$$1184 \quad = \quad 2289 - 1105$$

$$7822 - 2289 \quad = \quad 5533$$

$$8 \quad = \quad 4 + \sqrt{16}$$

$$35 : \frac{1}{7} \quad = \quad 9 + x$$

$$\frac{16}{x} \quad : \quad \frac{y}{18}$$

$$25^2 \quad + \quad \frac{29}{37}$$

$$(a + b)^3 \quad - \quad \frac{x}{2}$$

$$213437 \quad + \quad 124373$$

$$\sqrt{\frac{13}{7}} \quad : \quad \sqrt{\frac{7}{13}}$$

$$5 + 3\,x \quad = \quad 17 - y$$

$$4\,a\,b \quad = \quad 3\,a\,c$$

$$14 \quad = \quad \frac{6 \cdot 7}{3}$$

$$167 \cdot \frac{2}{3} \quad = \quad x^2$$

$$\frac{19}{3} \quad + \quad \sqrt{7}$$

Die Schlußkontrolle nimmst du wieder heute abend vor. An wieviel Elemente hast du dich richtig erinnert?

Sinn für Sprüche: Merkfähigkeit für Zitate

Leute, die sich für sprachbegabt halten, sollten diese Fähigkeit viel öfter und gezielter beim Lernen und Behalten einsetzen. Merkverse, Sprüche und Zitate bieten möglicherweise eine wirksame Unterstützung.

Möchtest du gern wissen, wie dein Gedächtnis auf ein solches Angebot reagiert? Hast du jetzt zehn Minuten Zeit? Dann nimm dir die folgenden Zitate vor. Ähnlich wie bisher, teilst du dir die Sache in Portionen ein.

Willst du heute abend überprüfen, wieviele dieser Sprüche du auf Lager hast, decke die rechte Hälfte ab, lies links das Stichwort oder den Satzanfang und zitiere dann den ganzen Satz.

Siehst du einen Riesen,	– so achte auf den Stand der Sonne, ob es nicht der Schatten eines Zwerges ist.
Ich sehe nur,	– was ich weiß.
Das Auge schläft,	– bis es der Geist mit einer Frage weckt.
Ratschläge	– sind auch Schläge.
Schlechte Lehrer	– Ich hatte schlechte Lehrer, das war eine gute Schule für mich.
Lernen ist wie	– Rudern gegen den Strom. Sobald man aufhört, treibt man zurück.
Fortgehen	– Man muß manchmal von einem Menschen fortgehen, um ihn zu finden.
Alle wollen zurück	– zur Natur, aber keiner zu Fuß.
Fort*schritte*	– macht man am besten zu Fuß.
Kleine Taten,	– die man ausführt, sind besser als große, die man plant.
Konzentration	– Tue, was du tust.
Zerstreutheit	– ist Konzentration auf etwas anderes.
Fernsehen	– ist Kaugummi für die Augen.
Langeweile	– Wer alles langweilig findet, ist selber langweilig.
Es gibt Schlösser,	– zu denen mein Schlüssel nicht paßt.

Dann also bis heute abend zur *Gedächtnis*prüfung.
... wieviele Sprüche hast du sauber hingekriegt? ☐

Nachdem du eine Reihe von Gedächtnistests hinter dich gebracht hast, ist es sinnvoll, die Ergebnisse gegenüberzustellen. Übertrage deine Punktzahlen von den Seiten 42 bis 73 in dieses Schaubild, und du siehst auf einen Blick, wo deine besondere Merkfähigkeit liegt – zumindest, was das Kurzzeitgedächtnis betrifft.

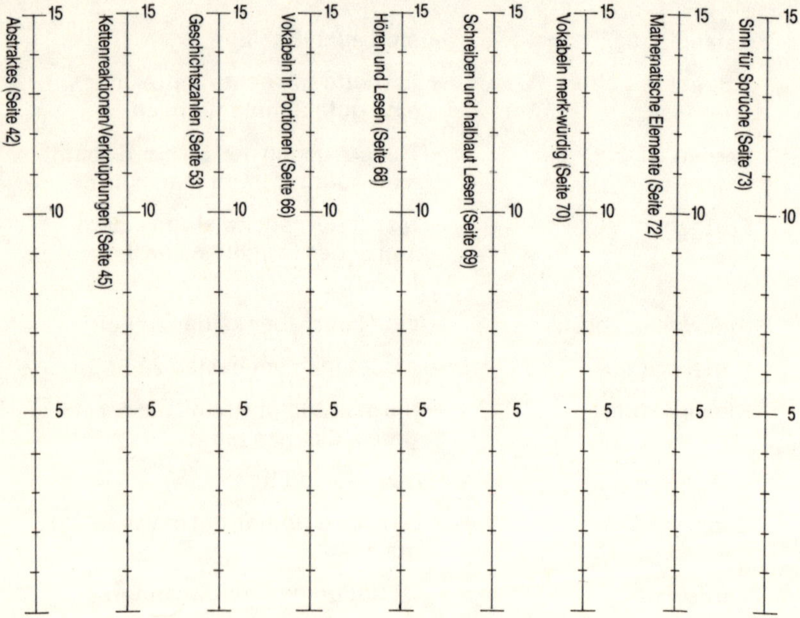

Gedächtnistechnik als Abrufstrategie

Es ist sicher nicht das Hauptproblem, eine Information in eine Schublade zu bekommen, um sie dort abzulegen. Die eigentliche Schwierigkeit liegt wohl darin, den Stoff hinterher wieder zu finden. Irgendein Katalog, ein Ordnungssystem muß her. Nur so wird das Auffinden erleichtert oder überhaupt erst ermöglicht.

Um ein gutes System zu finden, ist es halt erforderlich, zu Anfang einen Zusatzaufwand zu betreiben. (Kannst du dich noch an den zusätzlichen Aufwand mit dem Morse-Alphabet auf S. 48 erinnern?) Das Aneignen einer Lernmethode ist eine zusätzliche Arbeit, die sich erst hinterher im Umgang mit dem Lernstoff auszahlt.

Damit eine Abrufstrategie überhaupt funktionieren kann, ist es erforderlich, daß ich alle Informationen richtig einordne. Halte ich das nicht für notwendig, ergeht es mir wie einem Apotheker, der irrtümlich ein Hustenmittel in die Schublade der Abführmittel gelegt hat. Was nutzt ihm da das schönste Abrufsystem mit einem Register wie Erkältung, Grippaler Infekt, Heiserkeit, Erkrankung der Atemwege oder Halskrankheiten? Da hilft ihm nur die Hoffnung, bei einer Aufräumaktion zufällig wieder auf den verlegten Rachenputzer zu stoßen.

Das klingt alles sehr einleuchtend. Und doch scheinen viele von dem Nutzen eines Ordnungssystems oder einer Gliederung nicht so recht überzeugt zu sein. Vielleicht kann die nächste Übung dazu beitragen, diese Einstellung neu zu überdenken.

Lies dir die folgende Wortkette ein einziges Mal langsam und konzentriert durch:

Blindschleiche – Flieder – 3623 – Konzentration – Opel – Katze – 1224 – Nelken – Porsche – Motivation – Frustration – Veilchen – 1029 – Mercedes – Giraffe – Ford – Wal – 1986 – Argumentation – Rosen – Jasmin – Leopard – Audi – Imitation – 1781

Leg das Buch beiseite und notiere bitte alle Elemente dieser Kette. Hast du zehn zusammenbekommen, war das schon eine Meisterleistung.

Sicher hast du schon beim ersten Lesen der einzelnen kunterbunt gestreuten Elemente gespürt, daß diese sich zu sinnvollen Gruppen zusammenfassen lassen. Daher findest du auf der nächsten Seite dieselben Elemente, allerdings geordnet.

Lies dir jede Gruppe langsam durch, greif wiederum zu Stift und Papier und notiere, was du dieses Mal zusammenbringst.

Tiere	Pflanzen	Autos
Katze	Nelken	Porsche
Giraffe	Veilchen	Mercedes
Blindschleiche	Flieder	Opel
Leopard	Jasmin	Audi
Wal	Rosen	Ford
Zahlen	**Fremdwörter**	
1224	Motivation	
1029	Frustration	
3623	Konzentration	
1781	Imitation	
1986	Argumentation	

Decke die Zusammenstellung ab und erinnere dich an die einzelnen Elemente jeder Gruppe.
Sicher hast du dieses Mal deutlich mehr notieren können. (Und das hängt nicht nur damit zusammen, daß du die Wörter vorhin schon einmal in einer ungeordneten Reihenfolge gelesen hattest, wenngleich dies für das bessere Ergebnis ein wenig mitverantwortlich ist. Bist du in diesem Punkte anderer Meinung, laß es auf einen eigenen Versuch mit neuen Wortgruppen ankommen.)
So wie Oberbegriffe (hier zum Beispiel Tiere, Pflanzen, Autos, Zahlen und Fremdwörter) das Auffinden der darin gespeicherten Informationen erleichtern, kann bei einer Prüfung oder Klassenarbeit mit Sachtexten eine gute Fragetechnik weiterhelfen.
Oft kannst du nämlich bei einer bestimmten Aufgabenstellung eine Antwort nur deshalb nicht geben, weil die Aufgabe oder Frage kein Signal für die betreffende Schublade in deinem „Hirnkasten" enthält. Es fehlt der geeignete Abrufreiz. In einem solchen Fall benötigst du weitere Reizwörter, die es bei dir klingeln lassen. Diese findest du am ehesten, wenn du die Aufgabenstellung mit eigenen Worten neu formulierst oder Rückfragen stellst. Das setzt natürlich voraus, daß du die vorher aufgenommenen Informationen nicht wahllos irgendwo abgelegt hast, so daß sie völlig losgelöst von einem Zusammenhang durch deine Gehirnzellen schwirren.

Mit drei wichtigen Voraussetzungen kannst du dir eine gute Abrufstrategie aufbauen.

1. Auswählen	*Schon beim Sammeln der Informationen darfst du nicht alles speichern wollen. Wenn du zu viele Einzelheiten für wichtig hältst, verzettelst du dich. Wenn du z. B. in einem Schulbuch zwei oder drei Seiten durcharbeitest, kannst du mindestens die Hälfte der Details vergessen. Darfst du mit dem Textmarker in deinem Schulbuch arbeiten oder mit einem Farbstift Wichtiges hervorheben, so solltest du höchstens fünf bis zehn Prozent des Textes unterstreichen.* *Trainiere deinen Mut zur Lücke. Wenn du jeden zweiten Satz für wichtig hältst, hast du dich schnell verausgabt.*
2. Sortieren	*Nach dem Auswählen der gesammelten Informationen soll ein Ordnungssystem die weitere Arbeit erleichtern. Sortiere nach Oberbegriffen oder selbstformulierten Stichwörtern. Oft leistet ein Diagramm hierbei gute Dienste.*
3. Zusammenfassen	*Nun gilt es, die sortierten Informationen zu bündeln. So wie bei der Kette von Seite 44 das eine Element durch das nächste abgerufen wird, weil alle Informationen untereinander verknüpft sind, muß die Zusammenfassung einen roten Faden bilden, auf den die einzelnen Elemente wie Perlen aufgezogen werden.* *Daher ist es erforderlich, daß hier nur die Teile eines Sachgebietes oder Kapitels zusammengefaßt werden, die ich inhaltlich verstanden habe.*

Gerade durch diese letzte Methode wird deutlich, wie wichtig es ist, auf Informationen verzichten zu können. Damit du in einer Prüfung oder Klassenarbeit die wichtigsten Informationen verfügbar hast, darfst du nicht verkrampft rundum alles behalten wollen. Denn das hältst du im Kopf nicht aus. Wer behalten will, muß auch loslassen können. (Das gilt sogar für manche Partnerbeziehung ...)

Portionen, die sich lohnen

Es ist doch immer dieselbe Geschichte ...
Bist du erst einmal in Schwung gekommen, geht dir die Arbeit für eine Weile recht locker von der Hand.
Allmählich jedoch nimmt deine Konzentrationsfähigkeit ab, und du läßt dich wieder leichter ablenken.
Ist gegen Ende dann das Ziel in Sicht, kannst du noch einmal zu einem Schlußspurt ansetzen.
Ob im Tennis- oder Fußballtraining, bei einer Computertüftelei oder über einer Mammutübersetzung: Jeder Arbeitsablauf unterteilt sich in eine Warmlaufphase, Hauptarbeitsphase und eine Endspurtphase. In jeder dieser drei Phasen bist du unterschiedlich stark bei der Sache. Ein alter Hut? Richtig, doch es bleibt die Frage, ob du diese Erkenntnis bei deiner Arbeit berücksichtigst. Neigst du bei deiner Lernplanung z.B. dazu, alle mündlichen Arbeiten generell an den Schluß zu setzen? Dann machst du es dir unnötig selber schwer. Denn, erstens ist das Mündliche selten weniger wichtig als das Schriftliche und zweitens verschenkst du eine Lernerleichterung. Mit der Abwechslung vom Schriftlichen zum Mündlichen könntest du mancher Ermüdung vorbeugen.
Was hältst du davon, dir das einmal in einer Lernplanung vor Augen zu führen?
Du könntest deine Englisch- oder Französischaufgaben auf spielkartengroße Zettelchen so verteilen, daß jede Portion nicht mehr als 15 bis 30 Minuten Arbeitszeit in Anspruch nimmt.

1. Zettel: Grammatik, § 10 vorbereiten.
2. Zettel: Übersetzung, Lektion 12, Satz 7 bis 11.
3. Zettel: Vokabeln, Lektion 12, erste Spalte.

Wenn du das so oder ähnlich noch für deine anderen Fächer machst, hast du im Nu eine Zettelsammlung, die das Material für eine sinnvolle Lernplanung liefert.
Befestigtst du die einzelnen Zettel mit Stecknadeln auf einer Kork- oder Styroporplatte, geben sie dir einen genauen Überblick über deinen Hausaufgabenberg, der in Einzelteile zerlegt, vor dir hängt.

Wenn du nach jeder erledigten Portion den betreffenden Zettel von der Pinnwand nimmst und in den Papierkorb wirfst, wird der Berg auch optisch abgetragen. Du machst den Erfolg deiner Arbeit sichtbar.

Ähnlich gelernt, ist dämlich gelernt

Vermeide bei deiner Lernplanung auch sehr ähnliche Dinge unmittelbar hintereinander zu lernen. So ist es nicht sehr sinnvoll, zum Beispiel viele unregelmäßige Verben, die sich nur geringfügig voneinander unterscheiden, in einer Portion nebeneinander zu lernen. Du benötigst nämlich dazu einen viel zu hohen Kraftaufwand, und die Verwechslungsgefahr ist hinterher bei der Anwendung noch viel größer. Denn du hast das Alarmsignal, zwei oder drei Dinge nur ja nicht miteinander zu verwechseln, ebenfalls mitgelernt. Kommt nun eines der betreffenden Wörter in einer Arbeit vor, taucht als erstes dieses Alarmsignal auf. Das kann dich dann so in Verwirrung bringen, daß du die gelernten Formen solange hin- und herschiebst, bis du am Schluß mit Treffsicherheit dann doch das Falsche gewählt hast. So kann sich dieser Fehler derart massiv einschleifen, daß du ihn monate- oder jahrelang nicht wieder loswirst.
Um diesem Übel vorzubeugen, kannst du bei deinen Hausaufgaben beginnen. Sorge bei der Planung schon dafür, daß genügend Abwechslung im Spiel ist. Damit förderst du auch deine Bereitschaft, Neues zu lernen. Stures Pauken hat da keine Chance mehr.

Schritt für Schritt im Lesen fit

Immer wieder mußt du die leidige Erfahrung machen, wie schwer es ist, längere Texte so zu behalten, daß du ihre wesentlichen Inhalte fehlerfrei wiedergeben kannst.
Stell dir vor, du müßtest den folgenden Text für die nächste Geschichtsstunde so vorbereiten, daß du dich ruhigen Gewissens darüber abfragen lassen könntest. Bereite den Text so vor, wie du es bisher gewohnt warst:

Die Besiedlung des amerikanischen Kontinents

1926 bemerkte ein Cowboy, als er seine Herde einen Fluß im Staat Neu-Mexiko entlang trieb, zu seinem Erstaunen, daß aus der steilen Uferböschung Knochen herausragten. Er zog einige heraus und entdeckte darunter Feuerstein-Pfeilspitzen. Eine steinerne Spitze steckte zwischen den Wirbeln eines Bisons; sie hatte wahrscheinlich den Tod des Tieres verursacht. Er unterrichtete die Einwohner des nahen Ortes *Folsom* von seinem Fund; bald danach untersuchten Wissenschaftler an Ort und Stelle die Werkzeuge und Gebeine.
Etwas später tauchten ähnliche Werkzeuge zusammen mit Knochen des Mammuts, Riesenfaultiers, Bisons und anderer schon lange ausgestorbener Tierarten an verschiedenen Orten Amerikas auf. Man faßte sie unter dem Begriff *Folsom-Kultur* nach dem ersten Fundort zusammen. Die Jagdausrüstung des Folsom-Menschen (vgl. Fig. 10) und seine Jagdbeute sind bekannt, von ihm selbst aber wissen wir nichts, da keine Fundstätte menschliche Überreste enthielt.

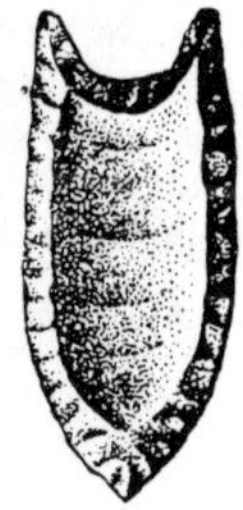

Fig. 10 Speerspitze des Folsom-Menschen. (Aus Miguel Covarrubias, The Eagle, the Jaguar, and the Serpent, S. 15.)

Kurze Zeit danach entdeckte man in der Höhle von Sandia in der Nähe von Albuquerque (Neu-Mexiko) unter einer mächtigen Schicht von Fledermausmist Tierknochen und Feuersteinklingen, die noch älter als die der Folsom-Kultur sind: Es handelt sich um die *Sandia-Kultur.* Es ist unmöglich, alle vorgeschichtlichen Fundstellen des ganzen amerikanischen Kontinents aufzuzählen. Erwähnenswert ist die *Cochise-Kultur,* die mit Folsom etwa gleichzeitig ist und auf Pflanzensammler zurückgeht. In der Mohave-Wüste in Südkalifornien fand man Mahlsteine, Stampfer und andere Geräte zum Zerreiben von Pflanzen und Wurzeln.
Auf die ersten Spuren von Menschen im Gebiet der Vereinigten Staaten stieß man im Tal des Yukson, sie gehören dem Holozän, der Zeit vor etwa 30000 Jahren, an. Großwildjäger kamen von Asien nach dem Rückgang der Gletscher über die Landbrücke nach Alaska. In der Zwischeneiszeit vor dem letzten Höhepunkt des Wisconsin-Glazials öffnete sich zwischen den Gletschern der westlichen Gebirgszüge und den östlichen Vereisungszentren der Hudson-Bai und von Labrador ein breiter Durchgang. Durch diesen gelangten die ersten asiatischen Einwanderer in den zentralen Teil der großen nordamerikanischen Ebene. Nach dieser letzten Eiszeit, etwa vor 25000 Jahren, verschwand die Behring-Brücke, so daß der Landweg für die asiatischen Einwanderer unterbrochen war.
Die archäologischen Entdeckungen bestätigen die Theorie von der asiatischen Abstammung des Amerika-Menschen, obwohl zweifellos Einwanderungen aus dem ozeanischen Raum in gleicher Weise zu der

Entwicklung der amerikanischen Kulturen beitrugen, wahrscheinlich auch australische Einflüsse, die, über die Antarktis kommend, die entgegengesetzte Seite des Kontinents erreichten. Möglicherweise erfolgte eine Einwanderung malaiischer oder melanesisch-polynesischer Stämme auf dem Seewege mit Hilfe großer Auslegerboote, die weite und kühne Fahrten erlaubten. Die Seefahrer nutzten die Meeresströmungen aus; die Kon-tiki-Fahrer bewiesen, daß eine Ozeanüberquerung auf einem Floß von Amerika bis in die Südsee möglich ist, und bestätigten ihre Theorie, daß diese Amerikaner das gleiche taten, um von Peru bis Tahiti zu gelangen.

Was in einer Richtung möglich ist, ist auch in der entgegengesetzten durchführbar, wenn man sich nicht nur den Meeresströmungen anvertraut. Die Ansicht, Südamerika sei durch Menschen vom malaiischen Archipel, aus Polynesien und Australien besiedelt worden, wird durch die seltsamen Übereinstimmungen in Kunst und Kultur jener Länder mit der amerikanischen gestützt.

Entnommen in leicht gekürzter Form: Marcel Brion, Die frühen Kulturen der Welt. Verlag M. DuMont Schauberg, Köln 1964, S. 79–81.

Ich werde abgehört

Du wirst aufgerufen. Das sind die Fragen, die du beantworten sollst:

1. *Wann wurde zum ersten Mal eine Feuerstein-Pfeilspitze des Folsom-Menschen gefunden?*
2. *Was ist uns bis heute vom Folsom-Menschen bekannt?*
3. *Welche Fundgegenstände deuten auf das Vorhandensein von ehemaligen Pflanzensammlern in der Mohare-Wüste hin?*
4. *Wieviele Jahre liegt die urgeschichtliche Periode des Holozän zurück?*
5. *Wo fand man die ersten Spuren einer Besiedelung im Gebiet der Vereinigten Staaten?*
6. *Welchen Weg nahmen die ersten asiatischen Einwanderer?*
7. *Welche weiteren Einwanderungen haben zur Entwicklung der amerikanischen Kulturen beigetragen?*

8. *Auf welchem Wege gelangten diese Menschen möglicherweise nach Amerika?*
9. *Was haben die Kon-tiki-Fahrer beweisen können?*
10. *Was scheint die Besiedelung Südamerikas auch von Australien aus zu beweisen?*

Hand aufs Herz. Du wirst kaum alle Fragen richtig beantwortet haben. Waren die Fragen zu schwer?
Wie du leicht überprüfen kannst, ergeben sich alle Antworten unmittelbar aus dem Text:

Antworten

zu 1. *1926.*

zu 2. *Jagdausrüstung und Jagdbeute. Von ihm selbst ist nichts bekannt.*

zu 3. *Mahlsteine, Stampfer und andere Geräte zum Verreiben von Pflanzen und Wurzeln.*

zu 4. *30000 Jahre.*

zu 5. *Im Tal des Yukon.*

zu 6. *Zwischen den Gletschern der westlichen Gebirgszüge und den östlichen Vereisungszentren der Hudson-Bai und von Labrador.*

zu 7. *Einwanderungen aus dem ozeanischen Raum.*

zu 8. *Auf dem Seeweg unter Ausnutzung von Meeresströmungen.*

zu 9. *Auf dem Floß ist eine Ozeanüberquerung von Amerika bis in die Südsee möglich.*

zu 10. *Die Übereinstimmungen in Kunst und Kultur jener Länder mit der amerikanischen.*

An den Fragen kann es also nicht gelegen haben.

War der Text für dich zu schwierig? Wenn du ehrlich bist, wohl auch nicht. Der Text enthält zwar eine Fülle von Tatsachen und Vermutungen, doch sind diese klar und verständlich dargestellt.
Vielleicht bist du einfach nicht richtig mit dem Text umgegangen. Hattest du eine Vorstellung, wo die vielen Länder und Gebiete überhaupt liegen?
Hast du dir bestimmte Wörter unterstrichen oder herausgeschrieben?
Bereiten solche und ähnliche Texte dir fast immer Bauchweh? Hast du Schwierigkeiten, die Riesenportionen von Informationen aufzunehmen und zu verdauen? Dann versuche, dieses Problem Schritt für Schritt in den Griff zu bekommen.

5-Schritt-Lesetechnik

Auf den ersten Blick wirkt der nächste Brocken riesengroß und zäh. Doch nirgends steht geschrieben, daß du alles auf einmal herunterschlucken sollst.

Der 1. Schritt beginnt selbstverständlich mit dem Durchlesen des folgenden Textes. Achte schon in diesem ersten Anlauf auf Überschriften, schräg gedruckte Wörter, Jahreszahlen und Abbildungen. Das sind erste Hinweise, die dir der Text zum besseren Verständnis gratis liefert.

Die Kultur der Korbflechter

Im Südwesten der Vereinigten Staaten, vor allem in den Höhlengebieten der Staaten Utah und Arizona, fand man Spuren eines Volkes, das nach der Art seiner Gebrauchsgegenstände als „Korbflechter“ bezeichnet wird. Man unterscheidet zwei Abschnitte der Entwicklung: die „Korbflechter“, die vornehmlich von der Jagd und vom Sammeln wilder Pflanzen lebten (etwa 200–400 n. Chr.), und die „jüngeren Korbflechter“, die Mais anbauten, ferner Bohnen, Zwiebeln und Beerenarten, die schon Ton brannten und in Grubenhäusern wohnten (etwa 400–700 n. Chr.). In den älteren Stufen wohnten die Menschen meistens in Höhlen, die sie in felsige Steilhänge hineingruben, zum Teil auch in einfachen Hütten. Ihre Toten bestatteten sie sorgfältig, indem sie in den Höhlen Gruben aushoben, in die der Leichnam, die Knie an die Brust gezogen, mit Nahrungs-

mitteln, Waffen, Körben und anderen Beigaben versenkt wurde. Kinder wurden oft in Körben beigesetzt.
Die Untersuchung der Gräber ergab wertvolle Aufschlüsse. Zum ersten Mal wurden 1893 in einer Höhle im südöstlichen Utah 90 Skelette zusammen mit zahlreichen feingeflochtenen Körben entdeckt; in den nächsten Jahren folgten zahlreiche weitere Funde. Die vielen Grabbeigaben lassen auf einen Glauben an ein zukünftiges Leben schließen. Infolge des trockenen Klimas im Südwesten Nordamerikas mumifizierten die Leichname in den Gräbern, und man konnte feststellen, daß die Männer langes Haar trugen, während die Frauen mit glattrasiertem Kopf gingen. Diese Seltsamkeit erklärt sich, wenn man bedenkt, daß Kordeln, Schnüre und Bänder aus Menschenhaar viel haltbarer sind als aus der Yuka-Faser, aus der man Körbe herstellte. Der ausgezeichneten Flechtarbeit dieser Körbe, die in Ermangelung anderer Gefäße für alles dienten, verdankt die Kultur ihren Namen. Man kochte beispielsweise die Nahrung durch Einlegen heißer Steine in Körbe, die manchmal mit einer Tonschicht abgedichtet wurden, aber auch ohne diese infolge ihrer festen Textur verwendet werden konnten. Unter den vielen, die man fand, weisen manche neben ihrer technischen Vollendung rote und schwarze geometrische Verzierungen von hoher künstlerischer Wirkung auf. Die Motive, meist Spiralen und Zickzack-Linien (Fig. 11), mögen eine symbolische Bedeutung gehabt haben oder Stilisierungen darstellender Formen sein.

Gewebtes Trageband der Korbflechter. (Aus Covarrubias, The Eagle, S. 208.)

Da die religiösen Vorstellungen und Erzählungen dieses Volkes unbekannt sind, läßt sich eine Deutung kaum versuchen. Ein Vergleich mit der in San Juan in Neu-Mexiko gefundenen Keramik ergibt eine überraschende Ähnlichkeit der Zierelemente. Der Schluß liegt nahe, daß die Töpferei hier unmittelbar aus der Korbflechterei hervorging und deren Formen und Verzierungen übernahm. Vielleicht ist der Schritt vom Flechtwerk zum Tongefäß einem Zufall zu verdanken, etwa der Unachtsamkeit einer Frau, die einen innen tonverkleideten Korb zu nah am Feuer stehen ließ und bei ihrer Rückkehr ein gebranntes Tongefäß vorfand, dessen Flechtumhüllung verbrannt war.
Die Korbflechter stellten Kleidungsstücke aus Pelzen her, die sie kunstvoll in Streifen schnitten und mit Yuka-Fäden verwebten. Sie hielten Hunde, deren Mumien man häufig in Gräbern zusammen mit Damhirschknochen findet, damit das Lieblingstier ebenso wie sein Herr im Jenseits keinen Hunger zu leiden brauchte. Erwähnenswert ist ferner, daß ein Hauptnahrungsmittel dieser Menschen Eicheln waren, die geschält und mit einem flachen Stein zerrieben wurden; die zu Laiben geformte Masse wurde auf offenem Feuer gebacken.

In einem 2. Schritt überlegst du nun, ob der Text über Dinge spricht, von denen du schon einmal gehört hast. Vielleicht sind dir noch Geschichten über die Lebensweise früherer Menschenkulturen im Gedächtnis? Oder du lenkst deine Gedanken auf die archäologischen Erkenntnisse. Außerdem könntest du versuchen, dir im Geiste ein Bild vom Leben der Korbflechter zu machen. Dabei stellst du dir **Fragen,** z. B.:

Warum gingen die Korbflechter-Frauen mit glattrasiertem Kopf?
Woraus wurden die Körbe geflochten?
Wie konnte man in Körben kochen?
Welcher Zufall könnte die Korbflechter auf die Technik des Töpferns gebracht haben?

Karte 3 Gebiet der Korbflechter

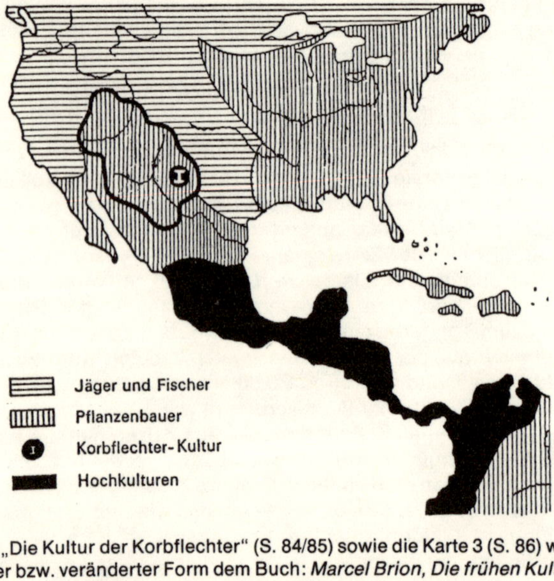

Der Text „Die Kultur der Korbflechter" (S. 84/85) sowie die Karte 3 (S. 86) wurden in verkürzter bzw. veränderter Form dem Buch: *Marcel Brion, Die frühen Kulturen der Welt, Verlag M. DuMont Schauberg, Köln 1964,* entnommen.

Der wichtige 3. Schritt führt nun zum sehr **gründlichen Lesen.**

Du hast durch die zwei vorbereitenden Schritte bereits eine ziemlich klare Vorstellung von der Kultur der Korbflechter gewinnen können. Wenn du jetzt den ganzen Text *Satz für Satz* noch einmal durchliest, achtest du bitte besonders auf die Abbildung und die Landkarte. Frage dich nach jedem Satz oder kleinerem Abschnitt, ob du ihn verstanden hast. Wenn dir etwas unklar bleibt, schlage in deinen Schulbüchern nach, hole den Atlas hervor oder ziehe ein Lexikon zu Rate.

In einem 4. Schritt hältst du das Wichtigste auf einem kleinen **Notizzettel** fest. Dieser könnte etwa so aussehen:

Die Kultur der Korbflechter

Name stammt von Funden in Utah und Arizona.

Ältere Korbflechter (ca. 200 bis 400 n. Chr.)

- Ernährung von Jagd, wilden Pflanzen und hauptsächlich von geschälten und zerriebenen Eicheln.
- Leben in Höhlen und Bestattung der Toten in Gruben.
- Glaube an zukünftiges Leben (Grabbeigaben).
- Herstellung von Kordeln, Schnüren und Bändern aus Frauenhaar.
- Körbe und Tragebänder aus geflochtenen Yuka-Fasern.
- Muster mit symbolischen Zick-Zack-Linien.

Jüngere Korbflechter (ca. 400 bis 700 n. Chr.)

Unterschied in ihrer kulturellen Weiterentwicklung

- Anbau von Mais, Bohnen, Zwiebeln und Beerenarten.
- Wohnen in Grubenhäusern.
- Herstellung von Tonkrügen.

Ein kleiner Zettel mit großer Wirkung! Denn die Zusammenfassung des Textes in wenigen Kernaussagen zeigt dir, ob du den Inhalt wirklich verstanden hast.

Der 5. Schritt ist zugleich der letzte Schritt der Lesetechnik. Lies nach einer Weile den gesamten Text noch einmal zügig durch. Nun sollte dir alles vertraut erscheinen.
Zusammengefaßt sieht die 5-Schritt-Lesetechnik so aus:

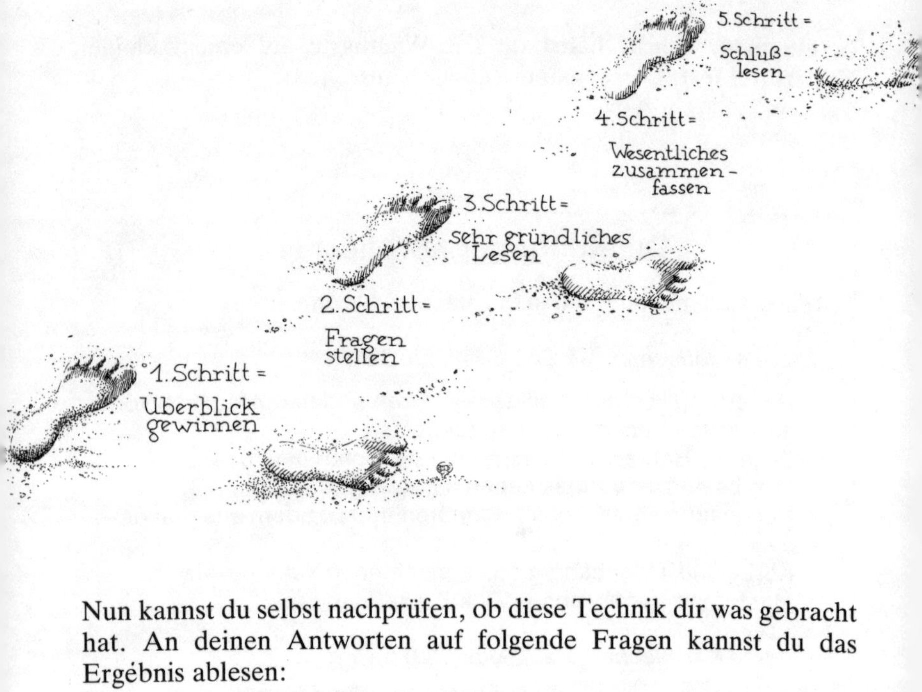

Nun kannst du selbst nachprüfen, ob diese Technik dir was gebracht hat. An deinen Antworten auf folgende Fragen kannst du das Ergebnis ablesen:

1. *Wo und wann fand man 90 Skelette von Korbflechtern?*
2. *Was sind Yuka-Fasern?*
3. *Wie erklärt man sich die glattrasierten Frauenköpfe?*

4. *Wie kochten die Korbflechter ihre Nahrung?*
5. *Waren die Korbflechter bereits eine Hochkultur?*
6. *Aus welchen Farben bestanden die Verzierungen ihrer Flechtarbeiten?*
7. *In welcher Stadt fand man ähnliche Verzierungen?*
8. *Was unterscheidet die jüngeren von den älteren Korbflechtern?*
9. *Welche Haustiere hielten sich die Korbflechter?*
10. *Welcher Umstand könnte die kulturelle Weiterentwicklung der jüngeren Korbflechter begünstigt haben?*

Antworten

zu 1. *1893 in einer Höhle im südöstlichen Utah.*

zu 2. *Aus den Blattfasern der Yuka-Palme getrocknete und gedrehte grobe Fäden.*

zu 3. *Die Frauen opferten ihre Haare zur Herstellung haltbarer Kordeln.*

zu 4. *Durch Einlegen heißer Steine in Körbe.*

zu 5. *Laut Karte 3 nicht. (Zeichnungen und Karten beachten.)*

zu 6. *Aus den Farben Rot und Schwarz.*

zu 7. *In San Juan in Neu-Mexiko.*

zu 8. *Weiterentwickelte Anbaumethoden, das Wohnen in Grubenhäusern und die Herstellung von Tonkrügen.*

zu 9. *Hunde.*

zu 10. *Die Entdeckung des Tonbrennens.*

Bei sieben oder mehr richtigen Antworten kannst du mit deinem Ergebnis recht zufrieden sein.
Wenn du mit solchen Schritten an einen Text herangehst, erleichterst du dir die Arbeit, weil du dich selber zum aktiven Lesen anhältst.

Dadurch kannst du einen Text nicht nur leichter erfassen, sondern auch besser wiedergeben.

Strukturierte Textverarbeitung

Du wirst jetzt vier verschiedene Methoden der Strukturierung kennenlernen, mit denen du einen Text verkürzt oder zeichnerisch darstellen kannst. Damit hast du ein Mittel in der Hand, den Text in der Art durchzuarbeiten, wie du persönlich am besten lernst.
An der „Kultur der Korbflechter" kannst du vier verschiedene Methoden kennenlernen und miteinander vergleichen.

Die Leiste

Kurze Sätze oder Schlagworte fügst du in der Reihenfolge aneinander, wie sie im Text erscheinen.

Beispiel:

Die Kultur der Korbflechter.
Funde in Utah und Arizona – Zwei Entwicklungsstufen der Korbflechter – 200 bis 400 n. Chr. und 400 bis 700 n. Chr. – jüngere Korbflechter: Maisanbau, Ton, Grubenhäuser – ältere Korbflechter: Höhlen, Totenbestattung in Gruben, Glaube an zukünftiges Leben usw.

Vorteil der Leiste:

Die Aneinanderreihung der wesentlichen Aussagen erfordert aufmerksames Lesen. Gleichzeitig prägt sich beim Vorgang des Schreibens der Text ein.

Nachteil der Leiste:

Erst am Ende des Textes wird endgültig klar, was die jüngeren von den älteren Korbflechtern unterscheidet und was sie gemeinsam haben. Mit der Leistenmethode hast du zwar den Text stark verkürzt. Die

Reihenfolge, in der du die Hauptaussagen aneinanderfügst, ist dir jedoch vom Text vorgegeben. So übernimmst du unter Umständen den etwas unklaren Aufbau des Textes.

Die Tabelle

Gegenüber der Leiste hat die Tabelle den Vorteil, daß du die wesentlichen Gesichtspunkte des Textes durch ihre übersichtliche Darstellung miteinander vergleichen kannst.

Beispiel:

Die Kultur der Korbflechter			
Unterschiede	Entwicklungsstufe	Ältere Korbflechter	Jüngere Korbflechter
	Jahr	etwa 200–400 n. Chr.	etwa 400–700 n. Chr.
	Ernährung	Jagd, wilde Pflanzen	Anbau von Mais, Bohnen, Zwiebeln, Beerenarten
	Wohnform	Höhlen	Grubenhäuser
	Töpferei	—	Keramik
Gemeinsamkeiten	Lebensraum	Im Südwesten der Vereinigten Staaten, Utah + Arizona	
	Totenkulte	Beerdigung der Toten in Gruben, Hockstellung, Grabbeigaben, Glaube an zukünftiges Leben	
	Gebrauchsgegenstände	Körbe aus Yuka-Fasern, kunstvoll geflochten	
	Kleidung	Pelze mit Yuka-Fasern verwoben	
	Haustiere	Hunde	

Vorteil der Tabelle:

Knappe und übersichtliche Darstellung des Textes.

Nachteil der Tabelle:

Die Übertragung der Kernaussagen eines Textes in einer Tabelle erfordert Übung und eine gute Textkenntnis. Die Tabelle ist außerdem nur sinnvoll, wenn sich Inhalte eines Textes vergleichend darstellen lassen. Bei einem Text wie hier im Beispiel ist dies möglich.

Das Baumdiagramm

Die Früchte deines Schaffens – die von dir herausgearbeiteten wesentlichen Aussagen eines Textes – hängst du bei dieser Art der Strukturierung an die Äste eines Baumes.
Im Unterschied zur Leiste oder Tabelle kannst du in einem Baumdiagramm sehr übersichtlich Entwicklungen darstellen, die sich im Verlauf des Textes verzweigen:

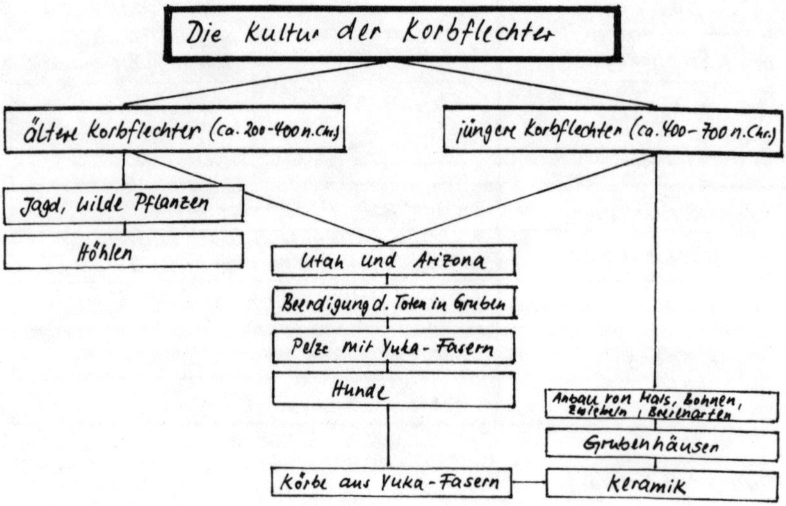

Vorteil des Baumdiagramms:

Wie bei der Tabelle läßt sich der Text sehr übersichtlich, auf das Wesentliche reduziert, darstellen. In unserem Beispiel wird der Vorteil gegenüber der Tabelle deutlich: Aus der gemeinsamen Fertigkeit des

Korbflechtens haben die jüngeren Korbflechter die Keramik weiterentwickelt. Dieser Vorgang läßt sich selbst in einem so kurzen Baumdiagramm durch die Verbindung zweier Kästchen mit einem kleinen Verbindungsstrich aufzeigen.

Nachteil des Baumdiagramms:

Ebenso wie die Tabelle fordert das Baumdiagramm Übung und genaue Textkenntnis. (Ein Nachteil?)

Systematisches Unterstreichen und Markieren

Der Schwerpunkt dieser Textverarbeitung liegt in der sinnvollen Kommentierung und Kennzeichnung des Textes mit einem Bleistift oder Leuchtschreiber. Blättere noch einmal zurück auf Seite 84 und prüfe anhand des Textes „Die Kultur der Korbflechter", welche von den folgenden Strukturierungshilfen dir der Autor im Text gegeben hat:

Überschrift?
Absätze?
Fettdruck?
Unterstreichungen?

Außer einer *Überschrift* und ein paar *Absätzen* hat dir dieser Text nicht viel zu bieten. Bevor du nun aber gleich loslegst, fehlende Unterstreichungen allzu gründlich nachzuholen, schau dir zunächst einmal diese behutsame Kommentierungsmethode an:
Während du den Text Satz für Satz durchliest, kannst du ihn bereits durch bestimmte Zeichen am Rand strukturieren:

? = Hier ist der Text unverständlich.

! = Wichtig! Zum Beispiel eine gute Definition.

\+ = Gute und verständliche Darstellung.

— = Unwichtige Sätze oder Passagen.

gut markiert ist halb kapiert
kapiert
gut markiert ist halb kapiert

Zum Beispiel:

... in den Höhlengebieten der Staaten Utah und Arizona fand man Spuren eines Volkes, das nach der Art seiner Gebrauchsgegenstände als „Korbflechter" bezeichnet wird. !

... man konnte feststellen, daß die Männer langes Haar trugen, während die Frauen mit glattrasiertem Kopf gingen. Diese Seltsamkeit erklärt sich, wenn man bedenkt, daß Kordeln, Schnüre und Bänder aus Menschenhaar viel haltbarer sind als aus der Yuka-Faser, aus der man Körbe herstellte. ?

... Vielleicht ist der Schritt vom Flechtwerk zum Tongefäß einem Zufall zu verdanken, etwa der Unachtsamkeit einer Frau, die einen innen tonverkleideten Korb zu nah am Feuer stehen ließ und bei ihrer Rückkehr ein gebranntes Tongefäß vorfand, dessen Flechtumhüllung verbrannt war. +

... usw.

Erst jetzt solltest du mit dem systematischen Unterstreichen oder Markieren mit einem Leuchtschreiber beginnen.
Warum die mühevolle Vorarbeit? Weil auch das richtige Unterstreichen gelernt sein will. Woher willst du wissen, welche Wörter oder Sätze im Text wichtig sind, wenn du keine Vorauswahl getroffen hast?
Sparsame Unterstreichungen oder Markierungen werden dir ins Auge springen.
Bei allzu großem Bleistiftverbrauch wirst du hingegen vor lauter Strichen den Text nicht mehr sehen.
Du kennst unseren Übungstext nun schon so gut, daß du sicher mit dem Unterstreichen oder Markieren folgender Wörter einverstanden bist:

zum Beispiel **blau**
Utah und Arizona
Korbflechter
(etwa 200 bis 400 n. Chr.)
Höhlen

zum Beispiel **rot**
jüngere Korbflechter
Mais, Bohnen, Zwiebeln, Beerenarten
Ton

Tote ... in den Höhlengruben
Glaube an ein zukünftiges Leben
Bänder aus Menschenhaar
Yuka-Faser
usw.

Grubenhäuser
(etwa 200 bis 400 n. Chr.)

Wenig bedeutet hier viel!

Wenn ein Text mich überfordert

Um das Wesentliche in einem Text zu erkennen, zu lernen und behalten zu können, muß er in jedem Falle verständlich für mich sein. Ist er das nicht, muß ich ihn erst einmal aufschlüsseln, das heißt für mich verständlich machen.
Da gibt es zwei verschiedene Wege:

1. *Vereinfache lange komplizierte Sätze, übersetze sie in eine einfache Sprache, indem du mit deinen Worten sagst, was diese weitschweifende Textstelle beinhaltet.*

   Oder:
2. *Zu knappe Formulierungen baue aus und erfinde Beiwerk. Denn genauso wie langatmiger Ballast belastet, erdrückt dich eine zu gedrängte Informationsdichte.*

Eines wirst du bei jeder dieser Lesemethoden als angenehme Begleiterscheinung feststellen: allein das ernsthafte Bemühen, einen Text wirklich verstehen zu wollen, trägt fast immer dazu bei, daß du tatsächlich mehr behältst.

Was findest du jetzt noch im Gedächtnis? (Wiederholungstest)

Vor einigen Tagen hast du die Gedächtnistests gemacht. Die Ergebnisse hast du ja bereits auf Seite 74 miteinander verglichen.
Heute sollst du überprüfen, welche Einzelheiten davon du jetzt noch im Gedächtnis hast.

1. Ohne die geometrischen Figuren zu wiederholen, male alle auf, an die du dich erinnern kannst.
   (Zum Beispiel: 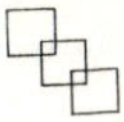 )

   Vergleiche deine Skizzen mit den Figuren auf Seite 41. Wieviel richtige kannst du verbuchen?
   Trage das Ergebnis auf Seite 100 ein.

2. Wieviel Wörter aus der Kette bekommst du heute noch zusammen?
   (Zum Beispiel: Neonröhre – Karl der Große)
   Vergleiche deine Notizen mit der Seite 45.
   Trage das Ergebnis auf Seite 100 ein.

3. Weißt du noch, was in jener Zeit passierte?

750 v. Chr.:	1525:
490 v. Chr.:	1648:
323 v. Chr.:	1776:
44 v. Chr.:	1789:
800:	1815:
843:	1917:
1453:	1949:
1492:	

   Die Lösungen stehen auf Seite 52.
   Deine Punkte trage nun auf Seite 100 ein.

4. Kennst du noch die Bedeutungen von
   diente – pasta – abrigo – tarta de frutas – asado de cerdo – estado de ánimo – por la tarde – además – colérico – es duro el pelar – no

moco de pavo – uno tras otro – arrugar la frente – empollar – nada más?
Für jeden Treffer gibt es wieder einen Punkt, den du auf Seite 100 bei „Vokabeln in Portionen" eintragen kannst. (Die Lösungen stehen auf Seite 65.)

5. Und wie heißt hier die Übersetzung?
Could you do me a favour? – I didn't mean it – thunderstorm – road conditions – The clutch is slipping – The battery's flat – Please change the Spark-plugs – cloud-burst – Can you look after the injured? – You didn't indicate you were going to change lanes – Will you act as a witness for me? – It was my fault – cloudy – There's something wrong with the brakes – I'm losing oil.
Auf Seite 67 findest du die Lösungen zum Vergleichen. Deine Treffer trage auf Seite 100 bei „Hören und Lesen" ein.

6. Was weißt du noch von dem Geschriebenen?
You need a prescription for this – appendicitis – to be hoarse – My leg is swollen – I've got terrible toothache – Can you recommed a good eye specialist? – inflammation – sprained – Does that hurt? – I've lost a filling – I've got an upset stomach – sore throat – to faint – Put your tongue out – Hold your breath, please.
Die Lösungen findest du auf Seite 68. Alle richtig erinnerte Bedeutungen geben Punkte, die du auf Seite 100 auf der Achse „Schreiben und halblaut lesen" markierst.

7. Und dann gab es noch diese Liste:
Is there a ferry connection at Dover? – lighthouse – Could you give me something for seasickness, please – life-boat – What ports do we call at? – Do you have special editions too? – coin-changer – The line's engaged – commemorative stamp – Could you help me fill in the form, please? – My car has been broken into – blackmail – We'll look into the matter – prison – I don't think this is right.
Wenn du deine Notizen mit den Übersetzungen auf Seite 69f. verglichen hast, gibt es wieder Punkte, die auf Seite 100 auf der Achse „Vokabeln merk-würdig" einzutragen sind.

8. Hier ist nochmal der Spaß mit Mathe dran. Notiere alle Zahlenwerte der rechten Spalte.

$\frac{27}{29}$ +

1184 =

7822 − 2289 =

8 =

$35 : \frac{1}{7}$ =

$\frac{16}{x}$:

25^2 +

$(a + b)^3$ −

213437 +

$\sqrt{\frac{13}{7}}$:

14 =

$\frac{19}{3}$ +

$5 + 3x$ =

$4ab$ =

$167 \cdot \frac{2}{3}$ =

Vergleiche mit der Seite 71 f. und trage deine Pluspunkte auf Seite 100 ein.

9. Und wie steht dir der Sinn nach Sprüchen? Kannst du die Zitate noch ergänzen?
Siehst du einen Riesen, –
Ich sehe nur, was –
Das Auge schläft, –
Ratschläge sind –
Ich hatte schlechte Lehrer, –
Lernen ist wie –
Man muß manchmal von einem Menschen fortgehen, –
Alle wollen zurück zur Natur, –
Fort*schritte* macht man –
Kleine Taten, –
Tue, was –
Zerstreutheit ist –
Fernsehen ist –
Wer alles langweilig –
Es gibt Schlösser, –
Zur Kontrolle kannst du auf Seite 73 nachlesen. Und deine Pluspunkte notierst du wieder auf Seite 100, unter Sinn.

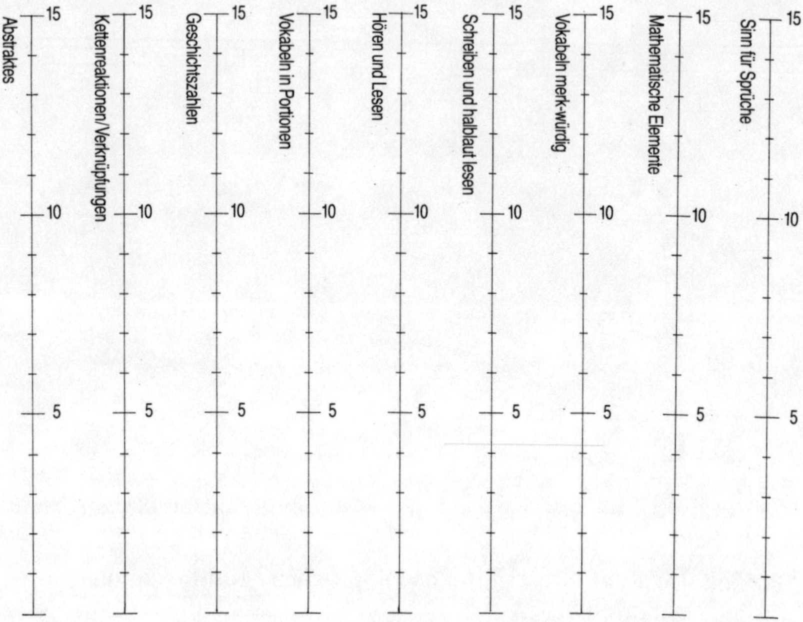

Und wenn du auf der folgenden Seite nochmals dein Ergebnis von der Seite 74 einträgst, hast du eine schöne Gegenüberstellung, welche Lernwege sich sowohl im Kurzzeit- als auch Langzeitgedächtnis bewährt haben, oder du siehst sehr deutlich, welche Lernmethoden das Behalten nur kurzfristig sichern.

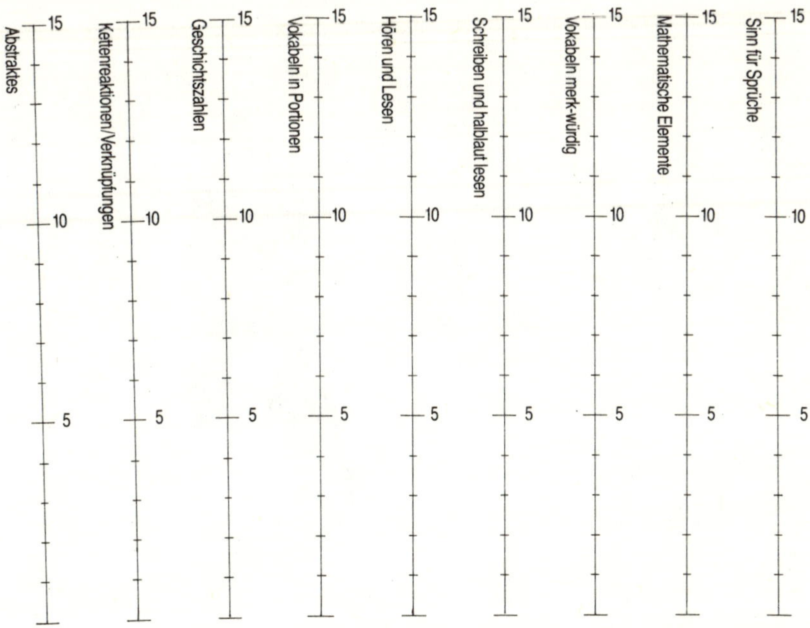

Dein Langzeitgedächtnis kannst du wahrscheinlich am besten durch die Methoden trainieren, die dir hier die höchsten Werte lieferten. Und das müssen nicht unbedingt die gleichen sein, mit denen du ein tolles Ergebnis im Kurzzeitspeicher erreicht hast.

Ich möcht am liebsten kneifen ...
... und ich krieg schon wieder Lampenfieber

Klassenarbeiten: Wie ich mich gut vorbereite

Spickzettel für die Klassenarbeit

Durch die sorgfältige Herstellung eines Spickzettels kann man recht gut lernen, sich auf das Wesentliche zu konzentrieren.
Dir so uralte Rezepte zu empfehlen, wie die Ansichtskarte, die mit einem Reißnagel unter der Tischplatte aufgespießt wird, oder den Text im Papiertaschentuch zu notieren, läßt dich bestimmt genauso müde lächeln wie der Tip mit dem großen Heftpflaster oder dem Radiergummi in der Plastikhülse.
Und doch ist ein wirklich guter Spickzettel eine hervorragende Klassenarbeitsvorbereitung.
Auf kleinstem Raum die wichtigsten Gedanken festzuhalten, ist eine lohnende Übung.
Am besten nimmst du am Anfang ein regelrechtes Plakat im Format von mindestens DIN A 3. Hierauf notierst du alle Informationen, die du in der Klassenarbeit gern verfügbar hättest. Schreibe nicht zu klein und bemühe dich schon jetzt um Übersichtlichkeit.
Anschließend überarbeitest du dieses Plakat, schreibst neu formulierte Stichwörter an den Rand und versuchst, das Wichtigste erneut zusammenzufassen.
Diese Neugestaltung überträgst du nun auf ein DIN-A-4-Format. Wenn du nach einem weiteren Arbeitsgang alles auf Postkartengröße untergebracht hast, schaffst du auch noch den letzten Schritt für das notwendige handliche Format.
Klebst du dir dieses Werk unter die Schuhsohle, kannst du in der Arbeit sicher auftreten.
Einen wirklich guten Spickzettel, der so oder ähnlich entstanden ist, wirst du aber kaum einsetzen müssen. Doch wenn du den „kleinen Bruder“ bei dir weißt, kann das ungemein beruhigen.

Bedenke bei jeder Klassenarbeitsvorbereitung, mit oder ohne Spickzettel, daß du die Arbeit rechtzeitig beendest. Wenn du den Stoff beherrschst, solltest du aufhören. Es ist absolut überflüssig und Zeitverschwendung, etwas 150%ig zu machen.
Ein solches „Überlernen“ bringt überhaupt nichts. So könnte dir ein Spickzettel auch hierbei helfen, rechtzeitig einen Schlußstrich zu ziehen.

13-Punkte-Sicherheitsgurt

Ist es dann soweit, zur Prüfung oder Klassenarbeit zu starten, vergiß nicht, dich anzuschnallen. Der „13-Punkte-Gurt“ hat schon manchen vor Verletzungen bewahrt.

1. *Sage dir auf dem Weg zur Arbeit in Gedanken, daß du dich gut vorbereitet hast. Führe dir bewußt vor Augen, was du nun kannst.*
2. *Laß dich nicht kurz vor der Arbeit von einigen Kandidaten verrückt machen, die glauben, dir unbedingt aufzählen zu müssen, was sie alles gelernt und vorbereitet haben.*
3. *Macht die spannungsgeladene Atmosphäre in der „Prüfungszone“ dich unruhig, dann halte dich, solange es geht, außerhalb dieser Zone auf.*
4. *Lies dir die Aufgabenstellung erst einmal ruhig von vorne bis hinten durch und gerate nicht gleich in Panik, wenn du Schwachstellen von dir entdeckst. Oft klärt sich die Lage erst, wenn du den ganzen Überblick hast.*
5. *Nutze zu Beginn der Arbeit unbedingt die Gelegenheit, Fragen zu stellen. Und während der Arbeit frage dich selbst immer wieder: was ist gefragt?*
6. *Kläre rechtzeitig, welche Aufgaben du nur sehr schwer oder überhaupt nicht lösen kannst, um nicht unnötig Zeit zu verlieren.*
7. *Lege ruhig ab und zu einmal den Schreibstift aus der Hand und mache eine kurze, einminütige Pause. Gerade bei hoher Anspannung sind Minipausen unerläßlich.*

8. *Wenn angebracht, hilf dir mit einem Diagramm oder einer Skizze weiter.*

9. *Nicht sofort loslegen, wenn die Frage gerade erst gestellt ist. Erst einmal die Antwort in Gedanken vorsortieren, vielleicht zunächst nur Stichworte notieren.*

10. *Hast du die Frage nicht verstanden, bitte – falls möglich – um eine Erläuterung, am besten durch eine gute Rückfrage.*

11. *Setze das Skelett vor das Detail, auch wenn es manchmal schwerfällt, weil du in irgendeinem Detail so gut Bescheid weißt, daß du dein Wissen unbedingt loswerden willst. Du verzettelst dich!*

12. *Wenn du eine Frage nicht beantworten kannst, geh zur nächsten. Mut zur Lücke!*

13. *Geh stets mit dem Gefühl in die Arbeit: „Auch wenn ich nicht alles weiß, so weiß ich doch, daß ich eine Menge weiß! Daß ausschließlich Stoff drankommt, von dem ich überhaupt nichts weiß, ist ziemlich ausgeschlossen."*

Und für Abergläubige hier zur Sicherheit noch einen 14. Punkt:

Keine einzige Klassenarbeit rechtfertigt das Risiko eines Herzinfarkts!

Muffensausen macht mürbe

„Ich hab's ja geahnt, mit solchen Aufgaben komme ich einfach nicht klar."

„Das wird bestimmt wieder 'ne dicke 5."

„Jetzt kommt genau das dran, was ich sowieso nicht kann."

„Das wird daheim wieder ein Theater geben."

Schwirren dir gelegentlich während einer Arbeit solche Gedanken durch den Kopf? Dann hast du sie meistens schon vorprogrammiert.

Warum willst du dir selbst beweisen, daß du unfähig bist? Du bringst dich selbst in einen Teufelskreis.
Kein Wunder, daß du durchdrehst.

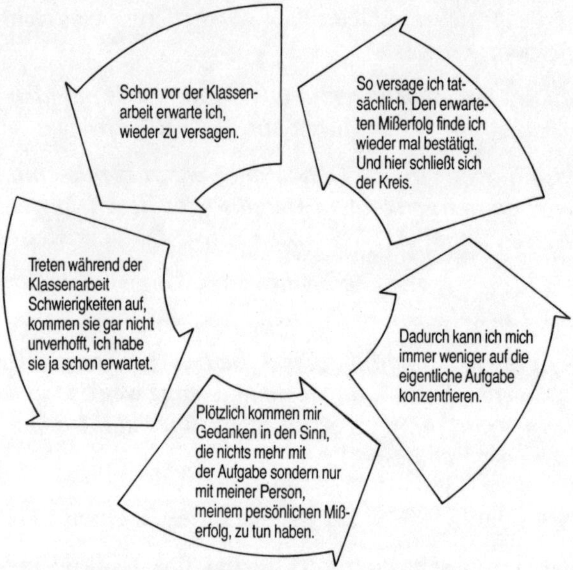

In einem solchen Fall scheinen „Kreislaufstörungen" unbedingt erforderlich. Kommst du in in der nächsten Arbeit durch solche Gedanken ins Schleudern, mußt du gegensteuern:

„Ich muß das Ganze noch einmal ganz ruhig von vorn durchgehen."

„Ich werde auf einem Schmierzettel mal verschiedene Möglichkeiten durchprobieren. Dann werde ich ja sehen, welcher Lösungsweg in Frage kommt."

„Ich lasse diese Aufgabe aus – wenn nachher noch genügend Zeit bleibt, werde ich es nochmal versuchen."

Zum Schluß noch ein nicht zu unterschätzender Tip:
Hast du eine Klassenarbeit oder Prüfung vor dir, zieh unbedingt deine Lieblingsklamotten an!

Unterricht: Wie ich mündlich mitarbeite

Pluspunkte im Mündlichen

Hast du keine Lust, im Unterricht mitzuarbeiten? Warum nutzt du deine zusätzlichen Chancen im Mündlichen nicht?

- *Ich bin nicht gut vorbereitet. Wenn mir das Wissen fehlt, fühle ich mich der Aufgabe nicht gewachsen.*
- *Ich bin nicht motiviert.*
  Das Thema liegt mir nicht, und ich habe keine Lust mitzureden.
- *Ich traue mir nicht genug zu.*
  Ich habe Angst, mich zu blamieren.
  Um mein Selbstwertgefühl ist es nicht allzu gut bestellt.
- *Ich schätze die Lage falsch ein.*
  Ich lasse mich von Klassenkameraden zu leicht verunsichern oder ich fürchte die Kritik des Lehrers, dem ich von vornherein alles andere als Wohlwollen unterstelle.
- *Ich überlasse das mündliche Mitarbeitsfeld denen, die mit Imponiergehabe Eindruck schinden oder den wirklich Guten, die einfach besser sind als ich.*
- *Ich überfordere mich ständig, weil ich mir selbst ein so hohes Anspruchsniveau stelle, hinter dem ich zwangsläufig hinterherhinke. Ich laufe dem Erfolg dauernd mit hängender Zunge nach, anstatt ihm gelassen entgegenzugehen.*

Sind hier Punkte aufgezählt, die auch für dich zutreffen? Dann solltest du etwas dagegen unternehmen. All diesen Punkten kannst du wirkungsvoll begegnen, indem du für die nächste Unterrichtsstunde gute Fragen sammelst. Gute Fragen sind überhaupt das A & O, ein gutes Rezept für Pluspunkte.

Ein Journalist zum Beispiel, der gute Fragen stellt, gilt als kompetent, weil er durchblickt. Gute Fragen aber kann er nur stellen, wenn er vorbereitet ist bzw. von der Sache etwas versteht.
Wenn du deine mündliche Mitarbeit vorbereitest und mit dem Fragensammeln beginnst, stellst du bald fest, wie rasch da einiges Material zusammenkommt. Halte alles, was dir zu dem betreffenden Thema in die Finger fällt, auf einem Notizblock fest. Nimm dir fest vor, in der nächsten Unterrichtsstunde die eine oder andere Frage wirklich zu stellen. Denn damit kannst du bewirken, daß

- *der Lehrer spürt, du hörst ihm zu;*
- *eine gewisse Vertrauensbasis geschaffen wird;*
- *du Zeit gewinnst, den nächsten Gedanken zu formulieren;*
- *auch der Lehrer motiviert wird.*

Dumm ist nur die Frage, die nicht gestellt wird.

Wer fragt, gewinnt: Fragetechnik

Und wenn ein Pauker dich noch so nervt, die schlechteste Methode, ihn zu bestrafen, ist die Verweigerung der Mitarbeit. Damit kannst du ihn höchstens ärgern, den Schaden aber hast du selber.
Hast du aber die eine oder andere Frage vorbereitet, findest du auch einen Einstieg in das Unterrichtsgespräch. Von da an kannst du mit einer guten Fragetechnik stets am Ball bleiben.

Rückfragen	„Meinen Sie damit ...?“ (Wiederhole mit deinen Worten, wie du die Frage des Lehrers verstanden hast.)
Schlußfolgerung	„Wenn das so ist, folgt dann daraus ...?“ (Vielleicht hast du einen eigenen Vorschlag auf Lager)
Bestätigung	Manchmal genügt die nonverbale Bestätigung, einfach ein Nicken. (Nicht zu verwechseln mit Einnicken ...)

Umformulierung „Kann ich das, was Sie sagten, auch so ausdrükken: ...?“
(Biete deine Formulierung an.)

Zusatzfrage „Und was folgt auf diese ...?“
(Vorangegangenes nochmals erwähnen.)

Wenn du aktiv mündlich mitarbeitest, hast du zunächst einmal selbst einen Gewinn davon. Was man selbst beigetragen hat, bleibt am besten im Gedächtnis haften. Wer sich lebhaft engagiert, stärkt seine Aufnahmefähigkeit.
Du übst dich außerdem darin, deine Gedanken zu ordnen und verständlich auszudrücken. Du lernst frei zu sprechen und sammelst systematisch Material für Hausaufgaben und Klassenarbeiten.
Eine hervorragende Hilfe für einen mündlichen Beitrag ist neben einer guten Vorbereitung die Nacharbeit einer Unterrichtsstunde. Wenn du am Nachmittag eine Vormittagsstunde auswertest und dich erinnerst, welche Formulierungen und Argumente besonders angekommen sind oder hervorgehoben wurden, hast du schon wertvolles Material für die nächste Stunde.
Wenn du im Unterricht Argumente einbringst, laß diese von deinen Mitschülerinnen und -schülern bekräftigen. Ein Argument ist um so wirkungsvoller, wenn andere das gleiche behaupten. Drum handele auch du bei anderen so: unterstütze diejenigen, die deine Meinung vortragen – dann wirst auch du bei deinen Argumenten unterstützt.

Überzeugend argumentieren

Mußt du einen längeren mündlichen Beitrag leisten, zum Beispiel ein Referat vortragen, solltest du das auch überzeugend tun. Hier lohnt es sich, auf ein paar rhetorische Kniffe zu achten:
Je wichtiger das Argument, desto **langsamer** mußt du es vortragen. Wenn du zu schnell sprichst, kann dein Argument nicht voll zur Geltung kommen.
Sprich **laut genug.** Wenn du zu leise sprichst oder gar nuschelst, bringst du geringe Überzeugungskraft zum Ausdruck. Es wirkt fast immer so, als seiest du nicht von dem überzeugt, was du sagst.

Artikuliere **deutlich** (meist ist es dann erst gut, wenn es dir persönlich schon übertrieben vorkommt). Wenn du undeutlich artikulierst, wirkst du unsicher oder arrogant.
Trainiere den **Blickkontakt.** Wenn der Augenkontakt fehlt, geht die wichtigste Grundlage für eine Begegnung mit deinen Zuhörern, dem Lehrer und den Mitschülern, verloren. Fehlender Blickkontakt erzeugt unterschwellig sogar Ablehnung. Denke nur an ein Kind, das etwas angestelllt hat und zur Rechenschaft gezogen wird – wie sieht da der Blickkontakt aus?
Zum Schluß spielt noch die **Reihenfolge der Argumente** eine Rolle. Wenn du mehrere Argumente gesammelt hast, mußt du sie ordnen. Beginne nie mit deinem schwächsten Argument. Das könnte skeptisch einstimmen, daß du nicht mehr zu bieten hast. Setze vielmehr ein mittelstarkes an den Anfang. Das stärkste Argument kommt natürlich an den Schluß. Wenn das schwächste Argument in der Mitte steht, wird es sogar aufgewertet. Also nicht so:

sondern so:

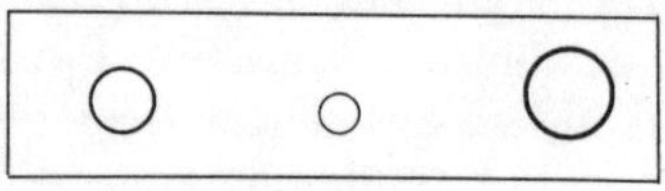

Die Angst vor der Blamage

Natürlich birgt jeder Redebeitrag ein Risiko in sich: man kann sich blamieren.
Hast du Angst, vor der Klasse zu sprechen?
Entdeckst du in den Gesichtern der Mitschülerinnen und Mitschüler nur Skepsis, abwertendes Grinsen oder Ablehnung?
Ist es vielleicht die Angst, durchschaut zu werden, die dich vom Reden abhält?
Weil du etwas verbergen willst, gibst du dich anders als du wirklich bist?
Setzt du eine Maske auf?

Wer sich selbst mißtraut, mißtraut auch anderen – und macht andere mißtrauisch.
Wenn du dich ständig fragst, was die Klasse von dir denken wird, oder welchen Eindruck du machst, bevor du etwas sagst, kommst du schnell zu dem Ergebnis, dich zurückzuhalten und lieber den Mund zu halten. Und damit bleiben viele Chancen ungenutzt.

Übrigens, redest du öfters im Unterricht mit, dann hast du es auch leichter, wenn du vor der Klasse abgefragt wirst.
Kannst du die eine Frage nicht beantworten, so **denke** wenigstens laut. Damit kannst du vorbeugen, daß nicht jene beklemmende Totenstille aufkommt, die alles nur noch schlimmer macht. Außerdem kann der Lehrer mitverfolgen, was du kombinierst. Vielleicht stellt er eine Zusatzfrage, die dir über die Runden hilft.
Ergreife die Gelegenheit zur mündlichen Mitarbeit so oft wie möglich. Dadurch wirst du auch immer sicherer. Wer sich nur im Kneifen übt, gerät viel öfter in Angst und Panik.

Mich liebt keiner
Mich liebt keiner
Keiner?
Mich liebt einer

Beziehungen: Wie komme ich mit Eltern und Paukern klar?

Die Schule macht mich krank

Viele Schüler haben regelrecht Angst vor der Schule. Die einen können bestimmte Lehrer nicht leiden, andere kommen mit Mitschülern nicht zurecht, die nächsten haben mit dem Leistungsdruck zu kämpfen oder haben Angst vor schlechten Noten. Dabei sind es wohl kaum die Noten als solche, die krank machen, sondern vielmehr die Folgen solcher Noten, etwa die Enttäuschungen und der Ärger daheim.

Gerade bei Enttäuschungen aber brauchst du jemanden, der an dich glaubt, der dir das Gefühl gibt, wichtig zu sein und der dich festhält. Halt und Sicherheit zu haben, ist gerade dann das Wichtigste, wenn du am Kippen bist.

Hast du das Gefühl, mit deinen Eltern nicht richtig reden zu können, laß doch das „Anti-Pauk-Buch" eine Zeitlang mit dieser Seite aufgeschlagen auf deinem Schreibtisch liegen. Eltern, die diese Stelle lesen, machen sich bestimmt Gedanken.

Zum Beispiel darüber, ob deine Persönlichkeit wirklich nur aus einem einzigen Bereich, nämlich deinen schulischen Leistungen, besteht.

Vielleicht halten sie es auch für bedenklich, wenn sie ihre Wertschätzung und Liebe von deinen Lernerfolgen abhängig machen.

Oder sie kommen darauf, daß sie dich zwar in bester Absicht mit gutgemeinten Ratschlägen überschütten, dir aber kaum einen Spielraum für eigene Entscheidungen lassen. Möglicherweise denken sie sogar an ihr eigenes Verhalten, wenn sie von dir etwas verlangen, was sie selbst nicht immer geschafft haben.

Oder sie entdecken, daß es für dich gar kein Antrieb sein kann, ständig mit Geschwistern oder Klassenkameraden verglichen zu werden. Auch Erwachsene reagieren ungehalten, wenn ihnen

jemand vorgesetzt wird, von dem sie sich „eine Scheibe abschneiden" sollten.
Wenn ihnen das bewußt wird, kommen sie vielleicht auf die Idee, daß sie die stärksten Lernbremser sind, obwohl sie die wichtigsten Motivationshelfer sein wollen.
Was ich von mir glaube, wie ich mich selbst einschätze, hängt nämlich entscheidend davon ab, was ich von anderen über mich höre. Hierbei lege ich natürlich ein besonderes Gewicht auf das Urteil und die Kommentare von mir wichtigen Personen wie Eltern, Freunde und Lehrer.
Und dann hängen mein Einsatz und mein persönliches Erfolgserlebnis noch sehr stark davon ab, was Eltern und Lehrer von mir erwarten und mir zutrauen.
Gerade in diesem Punkt kommt es jedoch oft genug vor, daß ich meine Situation nicht richtig einschätze. Weil ich etwas falsch gemacht habe, bilde ich mir ein, nicht mehr liebenswert zu sein. Reagiere ich daraufhin schmollend, trotzig oder wütend, darf ich mich nicht wundern, daß ich mich in meiner Einschätzung bestätigt fühle. Und so begegne ich mir manchmal selber mit dem berühmten Vorurteil.

Eine fast unglaubliche Geschichte

In einer Schule waren die Erstkläßler gerade eingeschult, die verschiedenen Klassenlehrer kannten sich aber unter ihrem kleinen Volk schon ganz gut aus. Da meldete sich bei ihnen ein Psychologe, der mit den Lehrern einen Test machen wollte. Getestet werden sollte ihre Menschenkenntnis.
Der Psychologe schlug vor, die Lehrer sollten für jeden ihrer Schüler, den sie jetzt eine Woche kannten, schätzen, ob er später einmal auf eine weiterführende Schule gehen werde. Und dann, nach einigen Jahren, sollte die Schätzung mit dem tatsächlichen Schulerfolg des Kindes verglichen werden.
Die Lehrer willigten ein, sie waren bereit mitzumachen, und ihre Menschenkenntnis wissenschaftlich testen zu lassen. „Das hat man ja", sagten sie, „doch irgendwie im Gefühl, was in einem Kind steckt, von Anfang an. Das sagt einem ja auch die Erfahrung."

Nur ein Lehrer mochte nicht mitspielen. Er hielt sich da raus. Später, als die anderen Lehrer ihre Schüler eingestuft und die Formulare dem Psychologen zurückgegeben hatten, wurde der Einzelgänger gefragt, weshalb er sich denn die Vorausschätzung nicht zugetraut habe.
„Ich finde das nicht ungefährlich", sagte er bedächtig, „wenn man sich gleich ein fertiges Urteil bildet. Ich sehe mich sowieso in der Gefahr, die aufgeweckten Kinder (besonders die hübschen und die braven Schüler) höher einzuschätzen als die anderen. Darum versuche ich, mich möglichst wenig auf ein Urteil festzulegen. Denn wissen Sie, wenn man sich erst einmal einbildet, ein Kind sei unbegabt, dann hat es ziemlich wenig Chancen, überhaupt noch Begabung zu zeigen. Darum habe ich bei dem Test lieber nicht mitgemacht."
Seine Kollegen waren erst etwas betreten, dann aber verteidigten sie sich und riefen schließlich den Psychologen zu Hilfe, der ihnen rechtgeben sollte.
Der aber wurde plötzlich ziemlich still und wollte sich nicht äußern. Schließlich gab er zu, daß sein Test etwas anders laufe, als er ihn erklärt habe. Getestet werden sollte nämlich gar nicht, wie gut die Lehrer schätzen können, sondern ob sie überhaupt bereit sind, solche Schätzungen anzustellen.
Die Lehrer fühlten sich hereingelegt. „Sie wollten also mit anderen Worten", rief ein Lehrer, „unsere Vorurteile testen?"
„Ja", sagte der Psychologe, „ich wollte mal wissen, wie sehr Sie sich schon festgelegt hatten. Sie kennen die Kinder doch erst eine Woche."
Nach diesem Eingeständnis konnte sich der Psychologe gar nicht so schnell aus der Schule entfernen, wie er hinausbefördert wurde. Aber mit seinem Test war er doch sehr zufrieden.
Diese Geschichte ist tatsächlich einmal passiert, wenn nicht genauso, so doch sehr ähnlich. Und sie könnte wieder passieren. Lehrer sind eben auch nur Menschen.
Menschen wie du und ich. Auch wir sagen gern: „Der erste Eindruck entscheidet."

Eike Christian Hirsch

Tatsächlich: eine fast unglaubliche Geschichte.
Aber nebenbei bemerkt, wie hältst du es mit deinem Ersteindruck von einem neuen Lehrer?

Wie erlebe ich meine Lehrer?

Wenn ein Lehrer dich an die Tafel ruft und du hast einen „black out", kann es durchaus sein, daß du ihm dies als bewußte Bösartigkeit unterstellst. Das Dumme daran ist, daß du auch dann von deiner Einschätzung überzeugt bist, wenn der Lehrer dich wirklich nicht vor der Klasse bloßstellen wollte. Deine persönliche Deutung ist maßgebend. In deinem weiteren Verhalten richtest du dich nach dem, was du gedeutet hast. Lagst du mit einer Deutung daneben, ziehst du zwangsläufig auch die falschen Konsequenzen. Und auf dein entsprechendes Verhalten reagiert der Lehrer so, daß du ihm jetzt tatsächlich seine böse Absicht unterstellen kannst.
Dieser Punkt hat deshalb ein solches Gewicht, weil ein Schüler kaum etwas negativer empfindet, als wenn er vom Lehrer vor der Klasse blamiert oder bloßgestellt wird. Ein Hinweis wie „da hat mein Dackel aber mehr Hirn", mag zwar witzig gemeint sein, doch ein solcher Pauker geht zu weit.
Ein guter Lehrer blamiert den Schüler vor der Klasse nie.
Andererseits sollte man auch einem Lehrer zugestehen, daß ihm „mal der Gaul durchgeht". Jedes seiner Worte auf die Goldwaage zu legen, wäre kleinkariert.
Du handelst ganz in deinem eigenen Interesse, wenn du bei einem verletzenden Ausspruch auch die Möglichkeit in Betracht ziehst, daß dieser nicht so gemeint war.

Wie erziehe ich meine Lehrer?

Ein Lehrer, der selbst nicht motiviert ist, kann dich kaum motivieren.
Wie wär's, wenn zur Abwechslung *du* mal deinen Lehrer motivierst?
Wie du das machst? – Ganz einfach: durch Zuhören.
Zuhören motiviert. Und Motivation steckt an. So kannst du selbst dazu beitragen, daß der Unterricht abwechslungsreicher, kurzweiliger und ergiebiger wird.
Beim Zuhören reicht es nicht, das Gesagte einfach akustisch wahrzunehmen, sondern es muß auch verarbeitet werden können.
Eine Vorbedingung ist dabei die Einstellung zum Gesprächspartner.

Du olle Schlampe!
Und du siehst heute wieder beschissen aus!

Solange ich ihn als Feind, Sadist oder Trottel betrachte, lasse ich auch seine Äußerungen nicht an mich heran, ich störe ihn oder schalte ab. Nur wenn ich meinen Gesprächspartner ernstnehme, und das heißt auch, daß ich keine Angst vor ihm haben muß, kann ich aktiv zuhören und seine Äußerungen nach verschiedenen Gesichtspunkten sortieren.
Dazu gehört selbstverständlich, daß ich einer Antwort auf meine Frage besondere Aufmerksamkeit schenken muß. Es soll Schüler geben, die mit leuchtenden Augen eine Frage stellen und sich schon beim Fragezeichen (wieder) in den Privatplausch mit ihrem Nachbarn vertiefen.
Ist doch klar, daß ein Lehrer eine solche Frage schnell als geheucheltes Interesse empfinden muß, mit dem jemand einfach „gut Wetter" machen will, ohne sich um die Erklärungen zu kümmern. Ein Lehrer, der sich verschaukelt fühlt, muß doch die Lust verlieren, es sei denn, er ist ein Trottel, der sowas überhaupt nicht merkt. Hier verschätzen sich viele Schüler. Manches Pauker-Face ist da ein Poker-Face. ...
Auch ein Lehrer braucht Rückmeldungen. Warum sollte es anrüchig oder gar schmierig sein, wenn du auch deinen Lehrer mal lobst für eine gelungene Stunde oder einen guten Tip?
Loben vielleicht so viele Lehrer deshalb so wenig, weil sie selbst fast nur Kritik einstecken müssen und kaum Streicheleinheiten bekommen?
Wo Lehrer und Schüler sich gegenseitig nur mit Vorwürfen begegnen, bleibt alles beim alten. Meistens genügt es jedoch, wenn eine Seite den Anfang macht, etwas daran zu ändern. So gesehen, kannst du als Schülerin oder Schüler deine Lehrerin oder deinen Lehrer sehr wohl erziehen.
Bist du jedoch der Meinung, das sei nicht deine Aufgabe, sondern allein eine Angelegenheit des Lehrers, dann gib ihm wenigstens den heißen Tip, wie er es schaffen könnte, auch dich zu motivieren:

Anzeige

Im Zeitalter der Medien lassen Schüler sich immer schwerer für den Unterricht anmachen. Sie haben keinen Bock auf Schule, wenn sie sich in der Nacht einen affengeilen Videostreifen reingezogen haben. Da hilft nur noch

Super-Motivation

Unsere Agentur bietet Ihnen solche Motivationen für jede Schulstunde.

Wir vermitteln Menschen, Tiere, Sensationen – beispielsweise den Stuntman, der durch die geschlossene Tür auf seinem heißen Ofen ins Klassenzimmer donnert.

Sie verstehen, daß wir in dieser Anzeige nicht mehr verraten können.

Sichern Sie sich einen guten Unterricht.

Sichern Sie sich die Sympathie und Aufmerksamkeit Ihrer Schüler.

Sichern Sie sich Ihren Arbeitsplatz.

Schreiben Sie uns.

Fordern Sie unsere Preislisten an!

(Frei nach Karlhans Frank „Ganz schön beschult". rororo Nr. 5595.)

Lesetips

Arbeitsgemeinschaft Lernmethodik: *So macht Lernen Spaß* – Praktische Lerntips für Schüler. Beltz Verlag, 24,80 DM.

Dieses Buch enthält keine Zaubermittelchen, die ein Lernen ohne jede Mühe versprechen. Aber es gibt eine Menge Tips, wie man leichter und besser lernt. In Tagesetappen von höchstens 10 Minuten werden über 50 praxiserprobte Lernhilfen vermittelt in den Bereichen: Hausaufgabeneinteilung – Klassenarbeitsvorbereitung – Konzentrationsschwierigkeiten – Prüfungsangst.
Hier findest du keine Rezeptsammlung, die du blindlings anwenden kannst. Aber durch eine gezielte Auswahl erhältst du eine wirksame Hilfe, die ganz auf deinen eigenen Lernstil zugeschnitten ist. Das Ergebnis: So macht Lernen Spaß.
Besonders geeignet für die 7.–11. Klasse.

Brockmann, Thomas: *Schummeln – aber richtig!* – Lehrbuch für den routinierten Täuschungsversuch und *Schummeln – aktuell!* – Mit neuen Tips und Tricks. Eichborn Verlag, je Band 10,– DM.

Diese beiden Büchlein beschreiben auf humorvolle Weise, welche alten und neuen Schummelverfahren an Schulen und Unis praktiziert werden: da ist vom drahtlosen Schummel-Telefon, vom Pfuschen mit chemischen Tricks und der Abwehr gegen wissenschaftliche Mogel-Tests die Rede. Allerdings darfst du die einzelnen Tips nicht allzu wörtlich nehmen, sonst bist du selbst der Angeschmierte. Ansonsten findest du eine Reihe ganz guter Ideen, wie man sich mal ganz anders auf eine Klassenarbeit oder Prüfung vorbereiten kann. Geeignet für Schülerinnen und Schüler der 8.–12. Klasse, die diesem heiklen Thema mehr mit Witz und Humor begegnen.

Endres / Klaas / Köhncke: *Der Englisch-Trainer für die Oberstufe.* Beltz Verlag, ca. 20,– DM.

Im Mittelpunkt dieser methodischen Lernhilfe steht die erfolgreiche textarbeit. Nahezu alle Textsorten des Englischunterrichts der Oberstufe werden ausführlich vorgestellt mit Lösungshinweisen, Interpretationsvokabular und Klausurbeispielen. Das nach moderner Lernmethodik konzipierte Trainingsprogramm zeigt Wege, wo und wie man bei Hausaufgaben und Klausuren am besten Punkte sammeln kann. Und ein ausführliches Kapitel enthält viele Tips, wie du mit guten Argumenten dein Punkte-Konto im Mündlichen verbessern kannst. Ein nützlicher Begleiter für die Sekundarstufe II.

Kuypers / Meyer-Norbisrath: *Lerntraining Compact.* Hueber-Holzmann Verlag, ca. 8,– DM.

Wer Anregungen zum besseren Lernen in sehr knapper Form sucht, findet in diesem Heft viele nützliche Informationen von der Lernplanung bis zu den biologischen und psychologischen Grundlagen des Lernens.
Wenn man von dem verhältnismäßig hohen Preis für das dünne Heftchen absieht, ein empfehlenswertes Lerntraining für die 10.–12. Klasse.

Naef, Regula D.: *Rationeller Lernen lernen.* Beltz Verlag, 12,80 DM.

Ein Ratgeber mit Übungen für alle Wißbegierigen. Vor allem die persönliche Lernplanung und eine gute Lese- und Notiztechnik werden ausführlich behandelt. Diese Einführung in die Theorie und Praxis der geistigen Arbeit wendet sich an alle, die ihre Lerntechnik verbessern wollen.
Sehr empfehlenswert für Schülerinnen und Schüler der Sekundarstufe II.